Santo Agostinho

Gareth B. Matthews

Santo Agostinho

A vida e as idéias de um filósofo adiante de seu tempo

Tradução:
Álvaro Cabral

ZAHAR

Para Richard Sorabji

Título original:
Augustine

Tradução autorizada da primeira edição inglesa,
publicada em 2005 por Blackwell Publishing Ltd.,
de Malden, Oxford, Inglaterra

rua Marquês de S. Vicente 99 – 1º | 22451-041 Rio de Janeiro, RJ
tel (21) 2529-4750 | fax (21) 2529-4787
editora@zahar.com.br | www.zahar.com.br

Capa: Mariana Newlands
Ilustração da capa: *Santo Agostinho*, Filipino Lippi, ca. 1490
© North Carolina Museum of Art/Corbis/Latinstock
Composição: Letra e Imagem

CIP-Brasil. Catalogação-na-fonte
Sindicato Nacional dos Editores de Livros, RJ.

Matthews, Gareth B.,1929-
M388s Santo Agostinho: a vida e as idéias de um filósofo adiante de seu tempo / Gareth B. Matthews; tradução, Álvaro Cabral. — Rio de Janeiro: Zahar, 2007.

Tradução de: Augustine
ISBN 978-85-378-0022-5

1. Agostinho, Santo, Bispo de Hipona, 354-430. 2. Filosofia medieval. I. Título.

CDD: 189.2
07-2450 CDU: 1"0375/1492"

Sumário

1.

O PONTO DE VISTA NA PRIMEIRA PESSOA

A idéia de que as palavras "eu existo" (ou seu equivalente em grego ou latim) poderiam ser usadas para afirmar uma verdade filosoficamente importante teria deixado perplexos os filósofos clássicos da Antigüidade. É claro, era importante que elas existissem para cada um deles individualmente. Além disso, a existência de cada um deles individualmente era importante para o desenvolvimento da filosofia. Sem a existência de, digamos, Sócrates, Platão ou Aristóteles, a filosofia não seria o que conhecemos hoje. Mas nenhum filósofo importante da Antigüidade julgaria estar expressando algo filosoficamente interessante ao dizer: "Eu existo."

Esta observação leva naturalmente a uma segunda. Nenhum filósofo da Antigüidade pensava em fazer filosofia desde o seu ponto de vista próprio e singular. Esta observação pode causar surpresa. "E os antigos relativistas não contam?" – o leitor poderia indagar. Eles não acreditaram que tinham de partir de como as coisas lhes pareciam? E isso não era filosofar a partir de um ponto de vista próprio e singular?

A resposta é "Não". De acordo com Platão, Protágoras, o mais famoso dos relativistas antigos, disse: "Cada coisa é para mim tal como se me apresenta" (*Teeteto* 152a). Até aqui, poderia muito bem *parecer* que Protágoras estava filosofando do seu próprio ponto de vista, em primeira pessoa. Mas não podemos deixar de notar como prossegue essa passagem do diálogo. Protágoras acrescenta: "E é para ti como se te apresenta."

A idéia de Protágoras é que o vento não é, em si mesmo, nem quente nem frio. O vento pode ser quente para mim e frio para ti; entretanto, em si mesmo, ele não é nem quente nem frio. Assim, Protágoras negou a existência de um fato objetivo acerca de como são as coisas no mundo, independentemente de como elas parecem ser para esta ou aquela pessoa. Mas o seu relativismo era universal. Ele não concedeu um lugar de honra para o modo como as coisas pareciam para *ele*. Nem pensou que precisava dar início à sua filosofia estabelecendo como as coisas lhe pareciam ser antes de ter uma justificação para se permitir supor que poderiam existir outros pontos de vista.

Protágoras não explica como sabe da possível existência de outros pontos de vista. Ele apenas presume que existam. Não manifesta nenhum interesse filosófico especial em outras mentes; não sugere, por certo, que se precise de um argumento filosófico para provar que elas existem. E como as coisas lhe pareciam em particular não era especialmente importante para ele. Considerava o seu ponto de vista apenas um entre muitos, e não consistia em um ponto privilegiado de abordagem filosófica. Suas reflexões eram universais desde o começo, ainda que universalmente relativistas.

Tudo isso parece ter mudado com Descartes. Foi ele quem primeiro obteve ampla aceitação para a sugestão de que cada um de nós deve elaborar o que é de seu conhecimento individual, a partir do seu ponto de vista em primeira pessoa, antes de poder avançar para questões sobre como é, ou poderia ser, um mundo independentemente de nós. E a pedra fundamental para a reconstrução do que sabemos, insistiu Descartes, é a invulnerabilidade da reivindicação que cada filósofo faz sobre estar ciente do que é expresso quando dizem ou pensam de maneira particular "Eu existo".

Uma boa parte da filosofia e ciência modernas rejeitou, é claro, esse ponto de partida cartesiano. Porém a proposta cartesiana insinuou-se de modo tão completo e profundo nos modernos processos de pensamento que é impossível ignorá-la, mesmo que quiséssemos. A cultura popular, assim como a filosofia acadêmica, reconhece pelo menos algo da significação e do alcance do cartesianismo da primeira pessoa. Lembrem-se do antigo cartum do *New Yorker* em que um técnico de informática lê em voz alta, perplexo, o *output* de uma fita de computador. "Está escrito: *cogito, ergo sum*!" Até mesmo o menos filosófico dos leitores do *New Yorker* capta o sentido da piada e percebe, portanto, um pouco da significância do problema filosófico que indaga se um computador poderia ou não nutrir um pensamento autêntico a partir de seu ponto de vista próprio e singular. Na realidade, é até possível que passe pela mente do leitor não-filosófico uma dúvida compreensível sobre se o computador possui, literalmente, um ponto de vista próprio.

Descartes merece o crédito (ou a censura!) por ter convencido boa parte do mundo moderno de que o ponto de vista na primeira pessoa deve ser levado muito a sério. Até mesmo, ou talvez eu devesse dizer "especialmente", os críticos mais ferrenhos de Descartes o levam a sério. É claro, o charme da postura objetivista, ou seja, de fazer com que o pensamento de alguém seja o mais independente possível de sua própria perspectiva pessoal, é também deveras atraente para muitos pensadores. A meta dessa espécie de objetivismo é obter o que Thomas Nagel chamou, com certa dose de malícia, "uma perspectiva de lugar nenhum".[1] Entretanto, a suspeita de que, de fato, a idéia de uma perspectiva de lugar nenhum é realmente um mito ou, pelo menos, uma ficção, e de que nos equivocamos se não respeitarmos a nossa prioridade filosófica de nossa própria perspectiva individual, não perdeu inteiramente seu atrativo. Além disso, pelo menos para alguns de nós, continua sendo irresistível a sensação de que ceder ao objetivismo revela o conhecimento da sua mais profunda significação.

Assim, como foi que os filósofos começaram a pensar que havia uma opção entre começar a filosofia com um ponto de vista objetivista e não decididamente a partir de um ponto de vista na primeira pessoa? Foi o próprio Descartes quem criou essa idéia? Terá seu primeiro-personalismo emergido do nada? Certamente que não. Ele começou com Agostinho.

O próprio Descartes negou que seu pensamento tivesse sido influenciado, sob qualquer aspecto significativo, por Agostinho[2] – ou por qualquer outro! Os estudiosos têm debatido se havia alguma possibilidade de tal influência ser verdadeira. Uma boa maneira de apreciar sua implausibilidade é ler o fascinante livro de Stephen Menn, *Descartes and Augustine*. O meu propósito, porém, não é apurar a influência de Agostinho sobre Descartes. É, antes, apresentar o pensamento filosófico do primeiro pensador na filosofia ocidental que de fato *filosofou* a partir de um ponto de vista genuinamente pessoal.

Em minha exposição sobre a filosofia de Agostinho haverá, é claro, muitas referências a Descartes, assim como a pensadores modernos ulteriores, inclusive filósofos do século XX. Mas minha abordagem em relação a Agostinho pretende ser voltada à filosofia, não à história das idéias. Para apreciar sua originalidade é necessário, claro, ter alguma idéia do que veio antes dele. E para apreciar seu valor filosófico precisamos fazer referência ao que aconteceu depois dele. Mas é o desafio direto do pensamento do próprio Agostinho que constituirá foco primário neste livro. Farei referência a filósofos que vieram antes dele e a filósofos que vieram depois dele para, sobretudo, enquadrar com maior clareza o seu próprio pensamento.

Ao longo de toda a obra de Agostinho encontramos uma impressionante apreciação da importância filosófica do que cada um de nós exprime quando diz ou pensa: "Eu existo." Assim, por exemplo, no Livro II do diálogo *Do livre arbítrio*, Agostinho deseja mostrar como pode ser esclarecido – e por "esclarecido" ele parece querer dizer "provado" – que Deus existe. Como seu ponto de partida para esse ambicioso projeto, ele pergunta ao seu interlocutor no diálogo, Evódio, se ele, Evódio, existe. "Ou receais, talvez", prossegue, "estar sendo ludibriado pelas minhas indagações?" Agostinho acrescenta, como se para tranqüilizar Evódio: "Mas se não existísseis, ser-vos-ia impossível ser ludibriado." (II.3.7.20)

Agostinho encoraja Evódio a construir um certo número de conclusões baseadas em sua inabalável conclusão de que ele próprio existe. "Uma vez que vos é evidente que existis, e uma vez que isso não vos seria evidente se não estivésseis vivo", ressalta Agostinho, "também vos é evidente que estais vivo." E acrescenta: "E este terceiro ponto também é claro: vós entendeis." (II.3.7.21) Quando Evódio concorda que essas verdades são evidentes para ele, ou seja, que se dava por satisfeito com o modo como foram provadas, Agostinho lista as conclusões a que Evódio havia chegado até então:

(1) Eu existo.
(2) Eu vivo.
(3) Eu entendo que existo e que vivo.

Sobre essas três pedras fundamentais, cada uma delas certificada por Evódio desde o seu próprio ponto de vista na primeira pessoa, Agostinho convida-o a reconstruir uma descrição esquemática da natureza do mundo e, por último, uma prova da existência de Deus. Implicitamente, Agostinho convida aos leitores desse diálogo a fazerem a mesma coisa: reconstruir suas próprias descrições do mundo e aceitar, em última instância, suas próprias provas da existência de Deus. Voltaremos a tratar da prova agostiniana da existência de Deus no Capítulo 10.

Outros capítulos a seguir destacarão outras linhas de raciocínio filosoficamente interessantes em Agostinho, a maioria das quais – embora nem todas, convenhamos – é informada a partir de um ponto de vista em primeira pessoa na filosofia. Assim, Agostinho reconhece, a partir desse ponto de vista, o que na filosofia moderna é chamado de "o problema de outras mentes" – o problema de como alguém pode ter a certeza de que existem outras mentes, além da nossa. Até onde me é dado saber, ele foi o primeiro filósofo a apresentar esse problema. De modo pertinente, Agostinho também propõe uma solução para o problema de outras mentes. Seu pensamento sobre essas matérias será abordado no Capítulo 7.

A descrição que Agostinho faz dos significados de palavras em seu diálogo *Do Mestre* e seus pensamentos sobre a aquisição da linguagem em suas *Confissões* estão escritos desde o ponto de vista do locutor ou aprendiz. Sua descrição da aquisição de linguagem, como veremos, baseia-se em uma suposta recordação do que foi para ele, como criança, aprender a sua primeira língua. E sua explicação de como aprendeu os significados de novas palavras busca levar a sério, de uma maneira filosófica, a vidente limitação de que nenhum de nós, como aprendizes de uma língua, tem acesso direto à mente do nosso professor. Examinaremos algumas dessas questões no Capítulo 4.

O fato de que temos sonhos apresenta, para Agostinho, interessantes problemas filosóficos. Assim, ele tenta responder à velha interrogação cética: "Como é que eu sei que não estou sonhando agora?" De um modo mais surpreendente, ele também se preocupa com a questão de que responsabilidade moral, se houver alguma, uma pessoa tem pelas ações realizadas pelo seu eu onírico. Agostinho parece estar especialmente preocupado com a atividade sexual que ele sonhou ter tido. Porém a questão moral sobre a responsabilidade pelos atos do eu onírico de uma pessoa é, de fato, perfeitamente geral. Sua preocupação dificilmente poderia ter surgido para ele dessa forma se ele não se considerasse o seu próprio eu onírico, em vez de um mero espectador dos sonhos. Ele se vê como que epistemologicamente isolado de todos os outros seres, exceto Deus. Esses assuntos serão examinados no Capítulo 8.

Agostinho apresenta diversos argumentos para o dualismo alma-corpo ou mente-corpo. O seu argumento mais interessante para a tese do dualismo está não na diferença entre ter a idéia de uma mente e a idéia de um corpo, como em Descartes, mas em algo mais. Seu raciocínio tem muito a ver com a sua convicção de que nada do que é corpóreo precisa ter presença em uma mente que, não obstante, está plenamente presente por si mesma (ver Capítulo 6).

Agostinho conta-nos que foi uma obra de Cícero, hoje perdida, a que primeiro o encaminhou para a filosofia. Cícero não só despertou em Agostinho o desejo de adquirir sabedoria filosófica, como também o inseriu no ceticismo filosófico. Como veremos no Capítulo 3, a reação de Agostinho ao próprio ceticismo mostra uma tendência flagrante de expressar-se em primeira pessoa.

Já ressaltei que o raciocínio de Agostinho em *Do livre arbítrio* apresenta notáveis semelhanças com o "Eu penso, logo existo" de Descartes. O Capítulo 5 concentra-se em duas passagens adicionais na obra de Agostinho que expõem essa mesma espécie de raciocínio. Mas, como veremos, o papel de tal raciocínio em Agostinho é bem diferente do seu papel em Descartes.

Não são, porém, apenas os problemas filosóficos que Agostinho reconhece, ou as soluções que ele oferece para esses problemas, que encontram uma base em sua orientação expressa na primeira pessoa. É também a forma literária de algumas das suas mais importantes obras que assume esse ponto de vista. Assim, as suas *Confissões*, que constituem a primeira autobiografia importante na literatura ocidental, adotam a forma literária de uma extensa oração a Deus. Uma vez que, como Agostinho supõe, Deus já sabe o que está no coração da pessoa que ora, e Deus nunca responde de volta, exceto em versículos citados das Escrituras, as *Confissões* são, na realidade, uma auto-revelação que dá aos leitores a oportunidade de, por assim dizer, "entreouvir".

Os *Solilóquios* de Agostinho, uma outra obra de grande originalidade, apresentam a forma literária de um diálogo. Entretanto, os participantes nesse diálogo não são dois seres humanos diferentes, mas a Razão e a Alma. Assim, uma vez mais, temos uma obra que revela o eu ao eu. É interessante observar que a palavra latina *soliloquium* parece ter sido cunhada pelo próprio Agostinho, juntando a palavra latina para "só", *solus*, e a palavra para "falar", *loquor*.

Não pretendo sugerir que a única pretensão de Agostinho à distinção filosófica está em sua decisão inovadora de filosofar a partir do seu ponto de vista próprio e singular (com, é claro, o convite implícito para cada um de seus leitores fazer a mesma coisa, individualmente, por si mesmo). É um exagero, mas um exagero desculpável, dizer que Agostinho foi o pai da moderna filosofia da religião. Quem quer que faça hoje um curso de filosofia da religião em um colégio ou universidade pode razoavelmente esperar que o curso, quaisquer que sejam as outras matérias que o compõem, tratará pelo menos destes quatro tópicos: (1) Fé e Razão; (2) Argumentos para a Existência de Deus; (3) O Problema do Mal; e (4) O Problema da Antevisão Divina e do Livre-Arbítrio Humano. Como poderíamos esperar, a discussão que Agostinho faz de cada um desses tópicos possui alguma relação importante com o pensamento de algum filósofo anterior. Mas a forma de Agostinho apresentar e discutir esses problemas está tão próxima do modo como eles são apresentados em um curso moderno de filosofia da religião que passagens de seus escritos podem facilmente ser usadas hoje em qualquer aula de introdução à filosofia. Abordo esses tópicos nos Capítulos 10, 11 e 12. Incluí um capítulo sobre Agostinho e o desejo de coisas más (Capítulo 13) para mostrar como a visão de Agostinho acerca do lado sombrio da motivação humana antecipa o pensamento moderno e rompe com uma tradição inaugurada por Sócrates e Platão. Inseri também um capítulo sobre Agostinho e a mentira (Capítulo 14) para mostrar como ele iniciou a discussão filosófica das perplexidades que infestam qualquer tentativa de entendimento da veracidade, um tópico muito negligenciado na filosofia grega clássica. E o livro termina, então, com um capítulo final sobre Agostinho e a felicidade (Capítulo 15), o qual, espero, faz interessantes conexões com Aristóteles e o empirismo britânico.

Agostinho é amplamente reconhecido como um grande teólogo dogmatista. Delineou três importantes heresias cristãs e contribuiu, assim, de forma singular para definir a ortodoxia cristã. Ele foi, portanto, um dos maiores dogmatistas teológicos de todos os tempos. Também considerou filosoficamente desconcertantes algumas das doutrinas que defendeu, bem como os conceitos em que elas estão expressas. Sua sensibilidade para a perplexidade filosófica faz com que o seu método de criar filosofia seja inconfundivelmente socrático. O lado socrático de seu pensamento é algo que procurei destacar ao longo deste livro.

Agostinho é amplamente reconhecido como um grande teólogo. Esse reconhecimento é inteiramente apropriado. Mas Agostinho não é hoje tão reconhecido como um importante filósofo. Espero que este livro seja uma modesta contribuição para corrigir esse desequilíbrio.

Leitura adicional

Baker, Lynne Rudder. "The first-person perspective: a test for naturalism", in *American Philosophical Quarterly* 35, 1998, p.327-48. Este artigo oferece uma perspectiva revigorante, por sua originalidade, sobre a importância do ponto de vista da primeira pessoa na filosofia.

Menn, Stephen. *Descartes and Augustine*. Cambridge, Cambridge University Press, 1998.

2.

A vida de Agostinho

Agostinho não se encaixa facilmente em nossos esboços para entender a história da Filosofia Ocidental. Suas datas, 354-430 da era cristã, colocam-no perto do fim do que se convencionou chamar de filosofia antiga, durante o período em que as filosofias helenísticas do ceticismo, estoicismo e neoplatonismo dominavam a cena filosófica. De fato, importantes filósofos neoplatônicos, como Simplício e Filopón, viveram ainda por boa parte do segundo século após a morte de santo Agostinho. Assim, poderíamos pensar que Agostinho deveria ser agrupado com eles.

Sem dúvida, Agostinho foi influenciado pelas principais escolas da filosofia helenística. Em mais de um momento em sua vida ele foi atraído para o ceticismo da Nova Academia. O estoicismo também influenciou seu pensamento como os literatos passaram a enfatizar recentemente. Quanto ao neoplatonismo, o próprio Agostinho reconhece em suas *Confissões*[1] o papel central que os "livros platônicos [i.e., neoplatônicos] traduzidos do grego para o latim" (VII, 9, 13) desempenharam em seu desenvolvimento filosófico e religioso, inclusive em sua conversão final ao cristianismo.

Ainda assim, Agostinho não é um filósofo helenístico. Pelo contrário, é o primeiro filósofo cristão importante. É também o primeiro filósofo medieval, embora o seu período de vida não pertença ao que, sob muitos e diversos aspectos, é geralmente designado como Idade Média. É preferível dizer que ele pertence ao que se pode considerar a "baixa Antigüidade". De fato, se não fosse por Agostinho e Boécio (480-524), pensaríamos naturalmente que a filosofia medieval começou após a "idade das trevas", talvez com João Escoto Erígena (810-77), mas mais exatamente com Anselmo de Cantuária (1033-109), que só nasceu seis séculos após a morte de santo Agostinho!

Agostinho não apenas não se enquadra facilmente nas categorias cronológicas através das quais procuramos entender a história da filosofia ocidental, mas o lugar onde viveu quase toda a vida também não era onde poderíamos esperar encontrar qualquer pensamento filosófico importante. Ele nasceu em Tagaste, uma cidade do Norte da África que hoje se chama Souk Ahras, na Argélia. Ele obteve sua educação superior em Cartago, que fica ao norte da moderna Tunis, capital da Tunísia. Mas, com exceção de um ano em Roma (383-4) e cerca de mais seis anos na Itália, sobretudo em Milão, passou toda a sua existência no Norte de África.

Por fim, Agostinho tornou-se bispo de Hipona (Hippo Regius, próximo da moderna Bône, ou Annaba, na Argélia), que é uma cidade litorânea do Norte da África com uma história longa, mas não particularmente memorável. Hipona era uma urbe muito próspera na época de Agostinho. Mas nenhuma outra figura conhecida, e certamente nenhum outro filósofo ou teólogo célebre, tem seu nome associado a Hipona.

A anomalia da localização de Agostinho em um momento e em um lugar é ainda mais complicada pela natureza de seu pensamento e sua influência. John Rist escreveu um importante livro intitulado *Augustine: Ancient Thought Baptized*. O que o título escolhido por Rist para o seu livro sugere é que a filosofia de Agostinho é a filosofia antiga cristianizada. E existe, por certo, algo muito apropriado nessa caracterização. O que lhe falta, porém, é o reconhecimento de que na filosofia agostiniana também está contido um novo começo. O ponto de vista em primeira pessoa na filosofia, o qual mencionei no capítulo anterior, não se encontra na filosofia antiga. De fato, ele é mais importante na filosofia moderna, a partir de Descartes, que no fim da filosofia do medievo. Além disso, o modo como Agostinho se afasta da filosofia antiga é tão importante quanto o modo como ele recorre à tradição filosófica que herdou.

Por outro lado, houve aspectos de sua obra em que santo Agostinho mostrou-se um pensador do seu tempo e lugar. Ele era versado em literatura e retórica latinas, e estava profundamente envolvido nas controvérsias teológicas da época, tendo contribuído, de fato, mais que qualquer outra pessoa, para lhes dar forma. Participou do torvelinho social e político do seu tempo. Assim, dedicou a sua grande obra *A cidade de Deus* à indagação sobre se o saque de Roma em 410 teria sido o resultado da conversão da cidade ao cristianismo. E as hordas vândalas aproximavam-se de Hipona em 430, quando Agostinho jazia em seu leito de morte.

Entretanto, existem outros aspectos segundo os quais Agostinho não pertence, em absoluto, a seu tempo e lugar. Seu estilo confessional de escrever, incluindo suas reflexões sobre sua própria vida interior, impressiona-nos hoje por seu perfil notavelmente moderno. Como já sublinhei, suas *Confissões* são a primeira autobiografia significativa da literatura ocidental. Sua concepção singularmente cartesiana da mente, seu modo de elaborar as questões filosóficas suscitadas pela mente, linguagem e crença religiosa prefiguram o que hoje reputamos ser o pensamento moderno. Curiosamente para uma pessoa cuja vida transcorreu durante a maior parte do tempo em um lugar que, sob outros aspectos, é destituído de toda a importância para nós, ele também é um filósofo para o nosso próprio tempo.

Agostinho era o filho favorito de Mônica, uma devota cristã, e de Patrício, um pagão até ser batizado em seu leito de morte. Agostinho tinha um irmão e uma irmã, de quem quase nada sabemos, e talvez outros irmãos. Era em Agostinho que a família, e especialmente a mãe, concentravam sua atenção.

Aos 12 anos, foi enviado para a escola secundária na cidade vizinha de Maudaudos por três anos. Após regressar a Tagaste por um ano, ele foi em 371 para Cartago, a fim de investir na educação superior. Agostinho descreve Cartago como um "caldeirão de amores ilícitos" (III.1.1). Sem dúvida, devia parecer um lugar lascivo e devasso para um garoto de cidade pequena. Em Cartago, ele não tardou em encontrar uma amante, que lhe deu um filho, que recebeu o beatifico nome de "Adeodatus" ("dado por Deus"). Agostinho nunca nos diz o nome de sua amante, mas assevera ter-lhe sido sempre fiel (IV.2.2).

Para profunda tristeza de Agostinho, Adeodatus morreu jovem, aos 18 anos. Não sabemos exatamente em que medida Adeodatus, em sua infância e puberdade, foi importante para seu pai. Mas o diálogo *Do Mestre* é testemunho das profundas conversas filosóficas que Agostinho mantinha com Adeodatus quando adolescente.

Em Cartago, Agostinho estudou a retórica. Ele nos conta que era o primeiro de sua turma (III.3.6), e podemos facilmente acreditar nele. De fato, é difícil imaginar que qualquer um dos seus colegas estudantes, ou mesmo seus professores, fossem nem de longe tão astutos ou talentosos quanto ele. Foi como estudante em Cartago que descobriu Cícero, que se tornou o seu principal mentor filosófico. Conta-nos que a leitura de *Hortensius*, uma obra que não sobreviveu, mudou sua vida ao seduzi-lo para a filosofia (III.4.7).

Cícero era menos um filósofo original que um cativante apresentador das idéias filosóficas de outros. Foi principalmente através de Cícero que Agostinho tomou conhecimento do ceticismo da "Nova Academia", a sucessora da Academia de Platão, e das concepções dos estóicos e epicuristas.

Nessa época, Agostinho tentou ler as Escrituras cristãs "para descobrir como eram" (III.5.9). Mas achou a Bíblia "indigna de comparação com a elegância ciceroniana". Entre as questões suscitadas nele pelo seu estudo da Bíblia, sem dúvida a mais significativa foi "Qual é a origem do mal?" (III.7.12). Essa questão o perseguiu durante boa parte da vida.

Em consonância com a sua preocupação com a origem do mal, Agostinho tornou-se um "ouvinte" maniqueísta, e como tal permaneceu durante nove anos. Os maniqueístas, uma seita cristã que prosperou na época, ofereceram pelo menos uma resposta razoavelmente clara para o Problema do Mal. De acordo com o maniqueísmo, existe um princípio cósmico de trevas, assim como um princípio da luz. O que experimentamos em nossas vidas é fruto da guerra entre o Reino da Luz e o Reino das Trevas.

Agostinho também enfrentou uma profunda perda pessoal durante esse tempo de penetrante exploração filosófica e religiosa. Ele dedica uma extensa seção do Livro IV de suas *Confissões* à descrição da morte de um amigo íntimo, cujo nome não nos é dado, e da depressão que isso lhe causou. "Os meus olhos o buscavam por toda a parte", ele escreve, "e ele não estava lá. Tudo me aborrecia porque nada o continha e ninguém me avisava: 'olha, ali vem ele!', como costumava acontecer quando ele ainda vivia e regressava após longa ausência. Eu tinha me convertido num vasto problema para mim mesmo..." (IV.4.9)

Agostinho iniciou sua carreira como professor de retórica em Cartago em 376, aos 22 anos de idade. Alguns anos depois ele escreveu o primeiro livro, *Do belo e do capaz*, do qual logo se perderia o original (III.13.20). A obra não sobreviveu.

Quando Agostinho tinha 29 anos, chegou a Cartago um famoso bispo maniqueísta, Fausto. Agostinho nos conta que esperou nove anos, todo o período de seu aprendizado maniqueísta, para apresentar ao bispo Fausto suas indagações acerca da fé maniqueísta. Mas o seu encontro com o famoso homem resultou em uma amarga decepção para Agostinho. "Quando lhe expus algumas das dúvidas que me perturbavam", escreve em suas *Confissões*, "descobri rapidamente que das artes liberais ele conhecia apenas a gramática e a literatura, e seu conhecimento nada tinha de extraordinário, [apenas] convencional. Tinha lido algumas orações de Cícero, pouquíssimos tratados de Sêneca, algumas poesias e os poucos livros da seita, escritos em um latim de bom estilo." (V.6.11)

Mas era só isso – dificilmente o bastante para prepará-lo para enfrentar as profundas questões de Agostinho. Este não demorou em perder toda a esperança de que Fausto ou qualquer outro maniqueísta pudesse resolver as dificuldades que vinha enfrentando com a fé que adotara.

Em 384, Agostinho deixou Cartago para ensinar retórica em Roma. Depois de apenas um ano em Roma, um ano atormentado por doença, mudou-se para Milão, onde assumiu um cargo de professor a pedido do novo prefeito da cidade. Ambrósio era então o bispo de Milão e Agostinho começou a ir ouvir os sermões de Ambrósio na catedral milanesa.

Ambrósio tornou-se o mentor de Agostinho, que encontrou finalmente no bispo um intelectual à sua altura. Ambrósio tivera uma bem-sucedida carreira na administração pública imperial romana, antes de sua conversão ao cristianismo na meia-idade. Impregnado de erudição no grego clássico, foi o primeiro Doutor Latino da Igreja. Agostinho não podia ter conhecido alguém como ele em Cartago, e muito menos ainda em Tagaste.

Agostinho conta que Ambrósio o recebeu paternalmente, e com grandes manifestações de gentileza. Ele escreveu:

> Comecei a gostar dele, a princípio não como mestre da Verdade – pois jamais esperara encontrá-la na vossa Igreja [isto é, na Igreja de Deus] –, mas como um ser humano benevolente comigo. Costumava ouvi-lo com entusiasmo quando pregava ao povo, não com o espírito que convinha, mas como que para sondar sua eloqüência oratória para ver se merecia a fama de que gozava ou se realmente se exagerava ou diminuía a fluência de que tanto se falava. Eu ficava suspenso de suas

> palavras, extasiado com sua dicção, mas indiferente e escarnecendo até do assunto que ele estava expondo. O meu prazer concentrava-se na suavidade e no encanto de sua linguagem. (V.13.23)

Mas não tardou até que Agostinho fosse conquistado pelo conteúdo dos sermões de Ambrósio, assim como pela excelência de sua oratória.

A decepção de Agostinho com o bispo maniqueísta Fausto abalara sua fé no maniqueísmo. Fausto mostrara-se incapaz de encontrar resposta para as indagações de Agostinho. Em contraste, Ambrósio era um teólogo de uma ordem inteiramente diferente. Foi ele quem guiou Agostinho para realizar o seu rompimento crucial com o maniqueísmo e distanciar-se do pensamento de que, em um momento de desespero poderia sempre, como o seu mentor, Cícero, adotar a posição de ceticismo acadêmico. Agostinho tornou-se um catecúmeno na Igreja Católica. Ao descrever esse crucial ponto de mutação em sua vida, Agostinho atribui especial ênfase à sua dimensão filosófica. Assim escreveu:

> Apliquei, então, energicamente as minhas faculdades críticas para ver se de alguma forma poderia, com argumentos decisivos, provar que os maniqueístas estavam errados. Se a minha inteligência pudesse conceber uma substância espiritual, imediatamente se apagariam e seriam extirpadas de minha alma todas aquelas invenções. Mas não podia. Entretanto, quanto mais meditava, avaliando e comparando as teorias acerca do mundo físico e de toda a ordem natural acessível aos sentidos do corpo, mais e mais me convenci de que numerosos filósofos sustentavam opiniões muito mais prováveis que as deles. (V.14.25)

A mãe de Agostinho, Mônica, acompanhou-o a Milão. Ela também sentiu-se atraída por Ambrósio. E pouco tempo depois juntaram-se a eles em Milão amigos do Norte de África, incluindo o seu benfeitor, Romanianus, que tinha ajudado a financiar a educação superior de Agostinho na África.

Gradualmente, Agostinho começou a preparar seu abandono dos pressupostos do materialismo filosófico que o maniqueísmo tinha por tanto tempo reforçado nele. Ao mesmo tempo, voltou-se para o Problema do Mal, que ele já não conseguia entender, em termos maniqueístas, como uma conseqüência do estado de guerra entre o Princípio das Trevas e o Princípio de Luz. Fosse pelos sermões de Ambrósio ou por sua própria leitura de Plotino, iniciada em Milão, Agostinho ouviu que "o livre-arbítrio da vontade é a razão pela qual praticamos o mal e sofremos a justa punição [imposta por Deus]" (VII.3.5). Contudo, ele dizia que não conseguia entender essa idéia. Agostinho perguntava-se:

> Quem me criou? Não foi o meu Deus, que é não só bom, mas a suprema Bondade? Donde me veio, então, o impulso para querer o mal e não querer o bem? Seria para fornecer uma razão que justifique o fato de eu sofrer uma punição?... Se foi o diabo o responsável, donde foi que ele veio? E se, por uma decisão de sua vontade perversa, se transformou de anjo bom que era em diabo, qual é a origem dessa vontade má que dele fez um diabo, quando um anjo é inteiramente obra de um Criador que é pura bondade?" (VII.3.5)

Aos poucos, Agostinho foi esmiuçando essas questões e desenvolvendo argumentos contra a posição maniqueísta que ele havia abandonado. Ajudou-o nessa tarefa a leitura, em tradução latina, das obras de Plotino e do seu grande discípulo, Porfírio. "Fui advertido pelos livros platônicos", ele escreveu, "a recolher-me a mim mesmo e aos ditames do meu próprio coração." (VII.10.16) Um resultado foi o que parece ter sido sua primeira visão mística:

> Contigo [Ó Deus] como meu guia, entrei na minha mais íntima e recôndita cidadela, e recebi forças para o fazer porque vos tornastes o meu auxílio. Entrei e, com o olho da minha alma, vi acima desse mesmo olho da minha alma a Luz imutável, pairando muito acima do meu espírito – não a luz cotidiana, óbvia para qualquer criatura,

> nem uma versão mais ampla do mesmo gênero de luz. Era como se brilhasse com muito maior intensidade e enchesse tudo com sua magnitude. Não era essa luz, mas uma coisa diferente, profundamente distinta de todas as espécies de luz. (VII.10.16)

Agostinho tornou-se um neófito cristão em julho de 386, aos 32 anos de idade. Antes de ser batizado, renunciou à sua posição de professor municipal e retirou-se, com sua mãe, seu filho Adeodatus então com 15 anos e um grupo de amigos de idênticas inclinações filosóficas, para uma propriedade rural, Cassicíaco, nas vizinhanças de Como. Lá ele conduziu conversações filosóficas com esses amigos e escreveu a sua mais antiga obra conhecida, *Contra os acadêmicos*, e três outros livros filosóficos.

Na Páscoa do ano seguinte, 387, Agostinho e seu filho foram batizados juntos na catedral de Milão. O evento foi, para ele, um novo começo. "Fomos batizados", escreve em suas *Confissões*, "e dissiparam-se em nós as inquietações sobre nossa vida passada." (IX.6.14)

Em parceria com Evódio, um conterrâneo de Tagaste, que também viria a ser bispo e foi o interlocutor de Agostinho em seu diálogo *Do livre arbítrio*, Agostinho decidiu formar uma comunidade cristã na África. Contudo, sua viagem de regresso ao Magreb parou em Óstia, o porto marítimo de Roma, por um bloqueio. Lá, Mônica, mãe de santo Agostinho, caiu seriamente enferma. Apercebendo-se de que Mônica estava à beira da morte, Agostinho conversou com ela acerca da vida que os santos teriam. Ele escreve em suas *Confissões*:

> A conversa levou-nos à conclusão de que os prazeres gerados pelos sentidos corporais, por mais deliciosos que sejam na luz radiante deste mundo físico, não são dignos de comparação com a bem-aventurança da vida eterna, nem merecem sequer que deles se faça menção. Nossas mentes se alçaram, impelidas por uma afeição ardente, para serem acolhidas no seio do próprio ser eterno. Nessa escalada, fomos deixando pouco a pouco para trás todos os objetos

> corporais e o próprio céu, onde o sol, a lua e as estrelas derramaram luz sobre a terra. Ascendemos ainda mais pela meditação e o diálogo, falando e admirando vossas obras, e penetramos em nossas próprias mentes. Deixamo-las então para trás a fim de atingir aquela região de inesgotável abundância onde nutris eternamente Israel com o alimento da verdade. Aí a vida é a Sabedoria pela qual todas as criaturas adquirem ser, tanto as coisas que eram como as que serão. (IX.10.24)

Santo Agostinho continua por muitos outros parágrafos essa descrição da visão que compartilhou com sua mãe. É, talvez, sua mais eloqüente descrição de uma visão mística.

Depois de Agostinho e sua mãe terem concluído sua visão em conjunto, Mônica despediu-se do filho: "Meu filho, quanto a mim, já nada me dá prazer nesta vida. O que ainda estou fazendo aqui e por que estou aqui, eis algo que ignoro. Minha esperança nesta vida já está plenamente satisfeita. A única razão por que queria permanecer um pouco mais de tempo nesta vida era o meu desejo de te ver um cristão católico antes de morrer. O meu Deus me concedeu essa graça de um modo muito além do que eu podia esperar." (IX.10.26)

Após nove dias enferma, Mônica veio a falecer. Ela tinha 56 anos. Agostinho estava com 36.

Agostinho e seus colaboradores, incluindo seu filho, não tardaram em regressar à África, mais precisamente à Tagaste, onde fundaram sua comunidade cristã. Mas em 391, durante uma visita a Hipona, distante cerca de 240 quilômetros, Agostinho assistiu a uma missa na catedral, onde a congregação reunida em assembléia insistiu para que ele aceitasse o sacerdócio, a fim de auxiliar o então bispo de Hipona, Valério. E assim foi ordenado. Cinco anos depois, ele próprio seria eleito bispo de Hipona.

Agostinho fundou uma comunidade monástica em Hipona, que passou a ser sua própria comunidade pelo resto da vida. Sua vida como bispo incluiu deveres pastorais, assim como uma vasta gama de responsabilidades administrativas. Ele pregava com regularidade e escrevia volumosamente – sermões, cartas, comentários e tratados. Sua produção literária, realizada com a ajuda de escribas, é enorme. Além de aproximadamente 100 livros e tratados, existem cerca de 250 cartas e por volta de 500 sermões, incluindo aqueles que constavam de comentários sobre os Salmos.

Agostinho dedicou muita energia e escrita para reprimir o que considerava importantes heresias cristãs, especialmente o donatismo, o maniqueísmo e o pelagianismo. Ao definir essas heresias, ele ajudava, assim, a definir a ortodoxia cristã. É possível afirmar que existem bases suficientes para sustentar que nenhum teólogo fez mais do que Agostinho para estabelecer a ortodoxia cristã.

Duas das três heresias focalizadas por santo Agostinho, o pelagianismo e o maniqueísmo, revestem-se de especial interesse filosófico. O pelagianismo, assim chamado em referência ao nome do monge britânico Pelágio, que o promulgou, está sintetizado em uma máxima que os filósofos associam hoje a Immanuel Kant, a saber: "Dever subentende poder." De acordo com essa noção, se temos uma obrigação de ser sem pecado, então está em nosso poder existir sem pecar.

O maniqueísmo é a doutrina segundo a qual a força cósmica do mal é igual em poder à força cósmica do bem. Embora possamos, é claro, nos aliar à força do bem, ao princípio da Luz, podemos esperar que a força do mal continue a contrabalançar a bondade no mundo.

No Capítulo 8 deste livro, encontraremos uma conexão entre o pelagianismo e o Problema do Sonho Moral. E no Capítulo 12, consideraremos o maniqueísmo como uma resposta ao Problema de Consistência do Mal.

Leituras adicionais

Brown, Peter. *Augustine of Hippo*. Berkeley, University of California Press, 1967. Esta obra permaneceu, desde sua publicação, a biografia clássica de Agostinho.

Rist, John. *Augustine: Ancient Thought Baptized*. Cambridge, Cambridge University Press, 1994.

3.

Ceticismo

Algumas pessoas descobrem a filosofia quando começam a fazer perguntas capitais como se é verdade que Deus existe ou se é que realmente dispomos de livre-arbítrio. Outras descobrem a filosofia quando lhes ocorre pela primeira vez que nem mesmo sabem com absoluta certeza se estão acordadas neste preciso instante. Aquelas pessoas que começaram a filosofar fazendo perguntas capitais decidem depois que precisam ter, antes de mais nada, uma resposta para o ceticismo sobre se realmente possuem conhecimentos que as habilite a considerar questões sobre Deus e livre-arbítrio. Agostinho parece ter adotado este último caminho.

Quando Agostinho estava com 18 ou 19 anos, conseguiu um livro de Cícero, *Hortensius*, e leu. O livro, hoje perdido, mudou a vida de Agostinho. Como relata em suas *Confissões*, aquele livro despertou seu amor pela filosofia e o fez ambicionar ardorosamente a posse de sabedoria (III.4.7-8). Em *De beata vita* (*Da vida feliz*), ele escreve: "Eu estava empolgado por tão grande amor à filosofia que imediatamente pensei em me devotar por inteiro a ela." (I.4)

Agostinho continuou lendo outras obras de Cícero. Algumas delas o puseram em contato com o ceticismo filosófico. Depois disso, houve épocas em sua vida em que flertou com a idéia de se tornar ele próprio um cético filosófico. "Ocorreu-me ao pensamento", relata ele no Livro V de suas *Confissões*, que os filósofos a quem chamavam "acadêmicos" eram mais sagazes que os outros, ensinavam que de tudo se havia de duvidar e que uma compreensão da verdade não está ao alcance da capacidade humana (V.10.19).

Embora a vida de um cético filosófico pareça não ter sido uma opção atraente para períodos muito extensos de sua vida, Agostinho continuou a responder ao desafio do ceticismo em todas as suas principais obras.

A mais antiga obra de santo Agostinho, *Do belo e do capaz* não sobreviveu. Ela parece ter sido uma obra sobre estética e filosofia do espírito vazada nos moldes da esplêndida tradição.[1] Entretanto, a mais antiga obra de Agostinho que sobreviveu até nossos dias, *Contra os acadêmicos*, é inteiramente dedicada ao ceticismo da "Nova Academia", uma escola de filosofia fundada por Arcesilau (315-240 a.C.) e desenvolvida por Carneades (214-129/128 a.C.). Agostinho havia tomado conhecimento das opiniões desses filósofos através de *Os acadêmicos*, de Cícero.

Grande parte do texto de *Contra os acadêmicos* é um tanto esotérico e difícil de entender. Mas o terceiro dos três livros que constituem a obra adquire grande desenvoltura e é filosoficamente fascinante. O objetivo consiste, então, em determinar se alguma coisa pode ser conhecida. O critério para conhecer é algo que ficou conhecido como a "definição de Zênon".[2] Infelizmente, a definição de Zênon é enunciada ao longo do diálogo em uma série de maneiras diferentes. O resultado é que o pobre leitor passa por sérios apuros para conseguir estabelecer o que foi que, de fato, Agostinho pretendeu definir. A seguinte citação de *Os acadêmicos*, de Cícero (II.20.66), já tinha sido referida no Livro II de *Contra os acadêmicos*:

T1. A verdade que pode ser apreendida [*percipi*, percebida] é impressa na mente pelo que dela provém, de tal modo que não poderia vir de qualquer outro lugar a não ser aquele donde ela provém. (II.5.11)

Eis uma outra formulação de santo Agostinho sobre a definição de Zênon, esta no Livro III de *Contra os acadêmicos*:

T2. Zênon diz que uma aparição pode ser apreendida como real se ela se apresentar de tal modo que não possa parecer uma falsidade. (III.9.21)

Analisemos T2. A primeira coisa a pedir uma reflexão é o significado de "pode ser apreendida". A expressão latina que Agostinho emprega, *posse comprehendi*, sugere a tradução "pode ser mentalmente assimilada". Mas, no contexto, a principal questão parece ser se qualquer coisa pode ser conhecida. Assim, entendamos simplesmente que "pode ser apreendida" significa "pode ser conhecida".

O segundo ponto que requer uma reflexão é o significado de "se ela se apresentar de tal modo que não possa parecer uma falsidade". Essa expressão tem o intuito de substituir expressões ainda mais opacas que Agostinho usa no Livro II, como, por exemplo, "é impressa na mente pelo que dela provém, de tal modo que não poderia vir de qualquer outro lugar e somente daquele donde ela provém". Essa expressão francamente intimidadora é, de fato, uma citação direta de *Os acadêmicos*, de Cícero, em II.6.18. Devíamos estar gratos por poder trabalhar com T2, em vez da própria formulação de Cícero da definição de Zênon.

Mesmo assim, é difícil apurar o que significa "se ela se apresentar de tal modo que não possa parecer uma falsidade". Suponhamos que eu tenho a impressão de que há uma rosa vermelha diante de mim neste momento. O que seria para a aparição de uma rosa vermelha diante de mim "ela se apresentar de tal maneira que não possa parecer uma falsidade"? Seria possível pensar que isso significa que a aparição da rosa vermelha diante de mim não poderia apresentar-se como algo ilusório. Assim como também esperar que eu dissesse para mim mesmo quando vi a rosa vermelha: "Não há possibilidade alguma *de que* possa ser uma ilusão." Portanto, a idéia consistiria em eu poder saber que existe uma rosa vermelha diante de mim *se*, e unicamente *se*, a aparição de uma rosa vermelha diante de mim não parecer de forma alguma ilusória.

Sugiro que "se ela (a aparição) se apresentar de tal modo que não possa parecer uma falsidade", isso deve significar algo: ela aparece de um modo que algo falso não poderia aparecer. Considero que o resultado de tudo isso é que, quando eu verdadeiramente conheço esse *p*, não me poderia parecer tratar-se desse *p* sem que seja, de fato, o caso de ser *p*. Uma impressão garantida pelo conhecimento desse *p*, o que os antigos chamavam uma impressão "cataléptica", é tal que eu não posso nutrir essa espécie de impressão de *p* sem que seja o caso de ser *p*.

Interpretada do modo que estou sugerindo e enunciada esquematicamente, a definição de Zênon resulta no seguinte:

(Z) A conhece *p* se, e somente se, (i) parecer a A que *p* e (ii) não poderia parecer a A que *p*, a menos que fosse o caso de que *p*.

De acordo com (Z), eu não sei com muita clareza que existe uma rosa vermelha diante de mim. Assim, de acordo com (Z), eu sei que há uma rosa vermelha diante de mim se, e somente se, (i) me parecer que há uma rosa vermelha diante de mim e (ii) não parecer haver uma rosa vermelha diante de mim sem que haja uma rosa vermelha diante de mim. Desconfio de que podemos todos concordar que, não importa quão nítida e colorida seja a minha impressão de que há uma rosa vermelha diante de mim, existe ainda a possibilidade de que eu esteja somente sob a ilusão de que há uma rosa vermelha diante de mim. Em primeiro lugar, eu poderia estar sonhando. Além disso, poderia estar com alucinações, talvez em decorrência de uma dose de morfina ou LSD. Ou ainda, eu poderia estar em uma máquina de realidade virtual que produz em mim a ilusão de que existe uma rosa vermelha diante de mim. Assim, a segunda condição de (Z) não é satisfeita e eu não sei se existe uma rosa vermelha diante de mim.

O intuito do Livro III de *Contra os acadêmicos* é apurar se, dado (Z) ou algo que lhe seja muito semelhante, existem outras espécies de coisas que não conheço. Agostinho escolhe, para seu primeiro candidato, a própria definição de Zênon. Ele pergunta, não se podemos saber se a própria definição é verdadeira, mas apenas – e esta é uma proposta muito inteligente – se podemos pelo menos saber se a definição de Zênon é *ou verdadeira ou falsa*. Eis a passagem:

> T3. O conhecimento ainda não nos abandona, mesmo se estivermos incertos a respeito [da definição de Zênon]. Sabemos que a definição de Zênon é ou verdadeira ou falsa. Portanto, não sabemos nada. (III.9.21)

Agostinho adota aqui o Princípio de Bivalência, ou seja, o princípio de acordo com o qual todo enunciado é verdadeiro ou falso. Acompanhemo-lo ao formular essa hipótese. A maioria dos filósofos, até muito recentemente, deu-se por satisfeita ao aceitar o Princípio de Bivalência.

Ao adotar a Bivalência, parece que Agostinho consegue saber, de acordo com (Z), se o próprio (Z) é verdadeiro ou falso. Assim, pode certamente parecer-lhe que (Z) é verdadeiro ou falso; logo, a condição (i) de (Z) é satisfeita. Além disso, ela não lhe pode parecer verdadeira ou falsa a menos que seja verdadeira ou falsa – pela excelente razão de que, de qualquer modo, não pode deixar de ser uma ou outra. Assim, Agostinho pode afirmar e, de fato, afirma saber alguma coisa.

Seria possível pensar que essa aplicação de (Z) à afirmação "(Z) é verdadeiro ou falso" é uma trapaça. Supõe-se que essas impressões que o próprio Zênon tinha em mente sejam "catalépticas", ou seja, garantem-se pelo modo como são recebidas e, por essa razão, refletem rigorosamente aquilo de que são as impressões. O que no modo como a impressão de que um enunciado, *E*, é verdadeiro ou falso nos garante que ele reflete corretamente aquilo de que é a impressão? O que nos garante que a impressão de que "*E* é verdadeiro ou falso" não pode ser falsa não é simplesmente o fato de "*E* é verdadeiro ou falso" ser uma verdade lógica e, portanto, não poder ser falso? Assim, por mais insatisfatório ou impróprio que seja o modo como a impressão de que "*E* é verdadeiro ou falso" é recebida, o próprio enunciado simplesmente não poderia ser falso.

Talvez o que Agostinho diria é que qualquer impressão *correta* de uma verdade lógica contará com a garantia de ser verdadeira. Não estou certo sobre se isso implica ou não uma trapaça à custa de Zênon. Mas, pelo menos, faz o contra-exemplo de Agostinho parecer lógico. Em todo caso, considerando a proposição de que *p* é o enunciado de uma verdade necessária, não pode parecer-me ser o caso de *p* a não ser que seja o caso de que *p*.

O exemplo seguinte de Agostinho, de algo que ele afirma conhecer, tem uma interpretação deveras espinhosa. Eis a seguinte passagem importante em *Contra os acadêmicos*, Livro III:

> T4. Embora ainda esteja longe de ser um sábio, conheço algumas coisas no terreno da física. Estou certo de que o mundo é um (em número) ou não – e, no caso de não haver somente um mundo, o número de mundos é finito ou infinito...
>
> Também sei que este nosso mundo foi organizado tal como é ou pela natureza dos corpos ou por alguma providência; que ele sempre foi e será, ou começou a ser e nunca irá terminar, ou nunca teve um começo no tempo mas vai ter um fim, ou começou a existir no tempo e não vai existir para sempre. (III.10.23)

Sem dúvida, Agostinho tem a esperança de que

(1) O mundo seja um (em número) ou não

contará como uma verdade necessária, de um modo semelhante ao do seu exemplo prévio.

(2) A definição de Zênon é verdadeira ou falsa

Mas em um modo padrão de entendimento de (1), isso acarreta

(3) Há um mundo

que não é uma verdade necessária. (1) acarreta (3) por causa do artigo definido diante de "mundo". Uma vez que (1) acarreta (3) e (3) não é uma verdade necessária, (1) tampouco é uma verdade necessária.

Entretanto, antes de rejeitarmos esse hipotético exemplo de algo que podemos conhecer, devemos assinalar que não existe artigo definido no latim de Agostinho (*certum enin habeo aut unun esse mundum aut non unum*). Podemos, portanto, lê-lo como se fizesse a seguinte asserção:

(4) Ou há um mundo ou não há um mundo

o que, penso eu, conta como uma verdade lógica.

Até aqui, santo Agostinho parece ter refutado o ceticismo global ao apresentar dois exemplos de coisas que podemos saber. A sugestão seguinte em T4 é menos preocupante:

(5) Se não existe apenas um mundo, o número de mundos ou é finito ou infinito.

Podemos facilmente entender que (5) significa isto:

(6) Se existe mais de um mundo, então o número de mundos ou é finito ou infinito.

E, de fato, (6) tem todo o aspecto de ser uma verdade necessária. E assim, de acordo com (Z), isso também pode ser conhecido.

Depois, T4 chega a uma passagem deveras fascinante. O ceticismo acadêmico oferece a Agostinho o seguinte desafio:

> T5. Como sabeis que o mundo [sequer] existe ... sendo os sentidos tão enganosos? (III.11.24)

Este é talvez o mais notável desafio cético em todo o tratado. Ele introduz o que, em filosofia moderna, é chamado de "o Problema do Mundo Externo". A resposta de Agostinho é igualmente notável:

> T6. Portanto, eu chamo ao todo que nos contém e sustenta, o que quer que isso seja, "o mundo" – o todo, repito, que aparece diante dos meus olhos e que percebo incluir os céus e a terra (ou o quase-céu e quase-terra)...
>
> Me perguntaste: "O que vês é o mundo, mesmo que estejas adormecido?"
>
> Já foi dito que chamo "o mundo" ao que quer que seja que me pareça ser tal. (III.11.24-25)

Santo Agostinho apresenta aqui, talvez pela primeira vez na filosofia ocidental, a idéia do próprio mundo fenomenal de cada um de nós, o mundo de aparências que conhecemos como um objeto consciente, ou mente. Pensa-se geralmente que a idéia de um mundo fenomenal é moderna, tendo sua origem em Descartes. Mas aqui a temos em Agostinho.

Ele não levou adiante o desenvolvimento dessa idéia. Nunca equacionou o Problema do Mundo Externo, como Descarte fez nesta famosa passagem:

> ... toda a experiência sensorial que sempre pensei estar tendo enquanto acordado, posso também pensar que as tive enquanto dormia, e como não acredito que o que me parece perceber no sono

provenha de coisas localizadas fora de mim, não vejo por que deva estar mais inclinado a acreditar nisso do que no que penso que percebo enquanto desperto. (Descartes, *Meditation* VI, AT VII, 77; CSM, II, 53)

Entretanto, o que Agostinho diz em *Contra os acadêmicos*, Livro III, suscita o problema de Descartes.

Agostinho passa depois a considerar algumas outras verdades matemáticas como exemplos de coisas que podemos conhecer:

T7. ... se existe um mundo e [existem seis] mundos, então, qualquer que seja a condição em que me encontre, é claro que existem sete mundos, e não é presunção de minha parte afirmar que sei isso.

Por conseqüência, prova que ou esta inferência ou essas disjunções acima dadas podem ser falsas por causa de sono, loucura ou inconfiabilidade dos sentidos! ... Pois que três vezes três são nove e [é] o quadrado de números racionais deve ser verdadeiro, mesmo que toda a raça humana esteja roncando! (III.11.25)

O último conjunto de exemplos também é muito fascinante. São casos de saber como as coisas nos *parecem*:

T8. Só concorde com aquilo que estiver convencido de que é o que lhe parece ser, e assim não haverá qualquer decepção. Não vejo como até mesmo um Acadêmico poderá refutar alguém que diga: "Eu sei que isto me parece branco; eu sei que este som me é agradável; eu sei que isto me cheira bem; eu sei que isto tem um sabor doce; eu sei que isto me parece frio."

"Em vez disso, preferia que me dissesse se as folhas da oliveira brava, que a cabra tanto aprecia, são amargas por si mesmas."

"Ó homem presunçoso! A própria cabra tem mais modéstia! Ignoro como essas folhas serão para os animais, mas são bem amargas para mim. O que mais quer saber?" (III.11.26)

A conclusão de *Contra os acadêmicos*, Livro III, é a seguinte: mesmo que eu esteja sonhando, há muitas coisas que posso saber.

Especificamente, posso conhecer (1) verdades lógicas; (2) verdades matemáticas; (3) a existência de meu próprio mundo fenomenal; e (4) como as coisas me parecem.

Poderíamos fazer uma pausa para notar que os itens nas primeiras duas categorias podem qualificar-se de acordo com (Z) principalmente por se tratarem de verdades necessárias. Assim, está me parecendo que 7 + 5 = 12 torna-se conhecimento pelo fato de que o que me parece ser o caso é, de fato, o caso. Não se trata de que as minhas impressões de verdades matemáticas tenham, apenas como impressões, qualquer qualidade suscetível de avalizar o conhecimento. É mais o caso de, digamos, "7 + 5 = 12" ter uma qualidade especial de garantia própria à medida que expressa uma verdade necessária.

Os itens nas categorias (3) e (4) são muito diferentes. Ao contrário de "7 + 5 = 12", "Parece-me que existe um mundo lá fora" não é uma verdade necessária. Como tampouco o é "Isso tem para mim um gosto amargo". Essas impressões garantem-se por si mesmas, impressões no sentido de que, se eu tenho tal impressão, sei que a tenho.

Agostinho, em seus últimos escritos, mostra pouco interesse em (4). Ele permanece interessado em (1) e (2), as verdades da lógica e da matemática, que contam para ele como Verdades Eternas que podem ser diretamente pela mente humana. Elas estão entre as "coisas inteligíveis" a que Agostinho se refere nesta passagem do seu último tratado, *Da trindade*:

> T9. ... a natureza da mente intelectual está formada de modo a ver aquelas coisas que, de acordo com as disposições do Criador, estão ajuntadas a coisas inteligíveis na ordem natural, numa espécie de luz incorpórea de sua própria espécie, tal como o olho da carne vê as coisas que se acham em torno dela nesta luz corpórea, de cuja luz é feita para ser receptiva e à qual está adaptada. (XII.15.24)

O interesse de santo Agostinho em (3) o mundo fenomenal que cada um de nós pode saber que possui torna-se, em seu último escrito, um interesse na mente e no que ela pode saber a seu próprio respeito. Esse interesse está prefigurado nesta importante passagem perto do fim de *Contra os acadêmicos*, na qual Agostinho fala pela primeira vez do que a mente humana ou a alma pode conhecer de si mesma:

> T10. ... Platão percebeu que existem dois mundos: um mundo inteligível onde a própria verdade reside, e esse mundo sensível que obviamente captamos pela visão e pelo tato. O primeiro é o mundo verdadeiro, o último somente verossímil e feito à sua imagem. Por conseqüência, a verdade acerca do primeiro é refinada e luminosa, por assim dizer, na alma que se conhece a si mesmo, ao passo que somente opinião e não conhecimento pode ser engendrada pelo mundo sensível... (III.17.37)

Embora Agostinho não enfatize o ponto em *Contra os acadêmicos*, ele passou mais tarde a insistir que o "conhecimento interior" que cada um de nós tem de si mesmo inclui o que cada um de nós exprime dizendo ou pensando "Eu existo". Como veremos no Capítulo 5, o conhecimento que cada um de nós possui sobre sua própria existência torna-se a mais interessante e mais potente resposta de Agostinho ao desafio do ceticismo acadêmico. Além disso, o "conhecimento interno" que cada um de nós possui de si mesmo forma a base, como veremos no Capítulo 6, da argumentação de santo Agostinho para o dualismo mente-corpo.

Leitura adicional

Kirwan, Christopher. *Augustine*. Londres, Routledge, 1989, cap. 2, "Against the sceptics". Este capítulo oferece uma minuciosa análise e avaliação do raciocínio de Agostinho em *Contra os acadêmicos*.

4.

LINGUAGEM

Como vimos no Capítulo 3, santo Agostinho não considera realmente séria a idéia de solipsismo. Afirma ele em *Contra os acadêmicos* que, se chamo "o mundo" ao que me parece ser o mundo, então posso saber que o mundo existe. Mas ter dito isso é apenas parte de seu esforço continuado para mostrar que, em vez do ceticismo acadêmico, há pelo menos algumas coisas que podem ser conhecidas. Agostinho não tenta perguntar, à maneira de Descartes, se e, no caso afirmativo, como posso saber que, além do meu mundo fenomenal, há um mundo físico que existe independentemente de mim e das minhas impressões acerca desse mundo. Expresso no jargão da filosofia do século XX, ele não reconhece o Problema do Mundo Externo, e muito menos tentou solucioná-lo.

Existe, porém, um aspecto em que Agostinho encara muito a sério o isolamento do ego. Ele imagina como isso era para ele quando bebê, antes de ter aprendido as palavras de qualquer língua natural. Ele nos conta como tentou entender o mundo à sua volta e comunicar seus pensamentos e desejos a outros. A seguinte passagem do Livro I de suas *Confissões* apresenta um quadro muito claro e expressivo do isolamento social e epistemológico de uma criança no meio de solícitos adultos:

> T1. Pouco a pouco, ia reconhecendo onde me encontrava e queria manifestar os meus desejos àquelas pessoas que podiam satisfazê-los enquanto eu não podia. Pois os meus desejos estavam no meu íntimo e os adultos estavam fora de mim, sem poder penetrar em minha alma. Assim, eu estendi os braços, esperneei, emiti gritos e vagidos, os poucos sinais que eu era capaz de exprimir e estava em meu poder usar, mas que não tinham semelhança alguma com o que realmente eu queria lhes comunicar. Como ninguém me obedecia, ou porque não me entendiam ou porque tinham receio de me fazer mal, eu costumava indignar-me com essas pessoas grandes e desobedientes que não eram escravas dos meus interesses e vingava-me delas rompendo em prantos. Essa era a conduta normal das crianças, como depois tive a oportunidade de aprender observando-as. Assim tinha sido como eu próprio me comportara ... e elas me ensinaram muito mais que as minhas amas, apesar de toda a sua experiência no trato com crianças. (I.6.8)

Muitas coisas nesta passagem são particularmente fascinantes. Uma delas é a suposição de que a criança Agostinho tinha uma capacidade de pensar e raciocinar plenamente desenvolvida muito antes de ter adquirido uma linguagem pública para com ela expressar seus pensamentos e desejos. Outra é a sugestão, primeiro feita e mais tarde abandonada, de que os sinais não-lingüísticos que ele fazia para os que o rodeavam e que podiam satisfazer seus desejos assemelhavam-se realmente aos seus desejos. O seria fazer um sinal que se assemelhe ao desejo de alguém?

Talvez o que Agostinho quis dizer nessa passagem é que ele fez sinais semelhantes à satisfação de seus desejos. Assim, poderia ter franzido os lábios e feito um som de sucção para imitar o ato de mamar no seio materno. Se ele fez isso para indicar seu desejo de leite, seria possível dizer que o sinal se assemelhava à satisfação de seu desejo de mamar no seio da mãe.

Entretanto, os bebês choram quando sofrem transtornos gástricos. Que sinal poderia ser feito que se assemelhasse ao desejo de ser aliviado de um distúrbio gástrico? Devo admitir que não faço a mínima idéia.

Era certamente natural supor que os gestos são entendidos porque se assemelham de algum modo ao que se deseja obter com eles. Mas Agostinho também estava certo ao abandonar a sugestão de que a semelhança é uma chave na escala universal para se entender, com base no comportamento do bebê, o que este quer. Parece não existir, de fato, nenhum código universal para tal entendimento.

Muito antes de uma criança ficar apta a usar as palavras de uma língua como o latim (ou, no caso do pequeno Agostinho, talvez o púnico) para se comunicar com os outros, essa criança terá desenvolvido a capacidade de reconhecer um certo número de desejos diferentes. Mas como ocorre na criança essa transição do gesto para a linguagem? Eis parte da descrição de santo Agostinho para essa transição. É uma passagem das *Confissões* que Wittgenstein usa como abertura para a sua grande obra *Investigações filosóficas*:

> T2. Mas deduzi isso dos seus gestos, a linguagem natural de todos os povos, e da linguagem que, por meio da mímica e das expressões cambiantes dos olhos, por meio dos movimentos dos membros e do som da voz, indica as sensações da alma, quando esta deseja algo, ou se detém, ou recusa ou foge. Assim, aprendi pouco a pouco a compreender quais coisas eram designadas pelas palavras que eu ouvia pronunciar repetidamente nos seus lugares determinados em frases diferentes. E quando habituara minha boca a esses sinais, dava expressão aos meus desejos.[1]

Wittgenstein usa essa citação para identificar uma concepção de linguagem que ele quer analisar e criticar em suas *Investigações filosóficas*. Parece ter pensado que encontrou expresso em T2 uma concepção muito importante, mas errônea, da natureza da linguagem. Essa concepção errônea é o que G.P. Baker e P.M.S. Hacker, em seu influente comentário, chamaram de o "quadro agostiniano da linguagem" – um quadro que Wittgenstein parece relacionar a Gottlob Frege (1848-1925), Bertrand Russell (1872-1970) e, talvez, especialmente a sua própria obra anterior, *Tractatus*. O quadro agostiniano de linguagem tal como se destaca nas *Investigações filosóficas* é assim, segundo parece, primordialmente um alvo para apresentar, avaliar e criticar os pontos de vista sobre a natureza da linguagem predominantes na primeira metade do século XX. Muito embora os filósofos que tornaram esses pontos de vista proeminentes, inclusive o próprio Wittgenstein quando escreveu o *Tractatus*, não se considerassem agostinianos.

Entre o razoavelmente grande número de teses que Baker e Hacker identificaram no "quadro agostiniano da linguagem" de Wittgenstein, estão as seguintes:

> (i) Qualquer palavra significante significa alguma coisa. Seu significado é o que ela representa ou significa. É atribuído um significado ao correlacionar a palavra com um objeto. Tal correlação confere-lhe um significado ao convertê-la no nome de um objeto. Ela representa o objeto que simboliza. ...
>
> (ii) ... Uma vez que as definições verbais meramente explicam uma expressão por meio de outras e, portanto, constituem conexões com a linguagem, as definições ostensivas fornecem o único meio possível de correlacionar palavras com coisas. ...
>
> (iii) A tese de que todas as palavras são nomes é equivalente à tese de que a forma fundamental de explicação de palavras é a definição ostensiva de que as definições ostensivas são a base da linguagem. ...[2]

De acordo com esse "quadro agostiniano da linguagem", cada um de nós quebra o isolamento do seu ego epistemológico ao ter os nomes das coisas assinalados para nós de tal modo que acabamos por estar aptos a expressar os nossos próprios desejos usando as palavras que aprendemos por definição ostensiva. Assim,

"Leite!" pode expressar um desejo de leite, e "Banana!" o desejo por uma banana.

De fato, esta concepção de aprendizado de linguagem não se encaixa bem com o que encontramos em um diálogo anterior de Agostinho, *Do mestre*, que é a mais atraente apresentação de sua filosofia da linguagem. Como mencionei no Capítulo 2, *Do mestre* é um diálogo entre Agostinho e seu filho, Adeodatus. Agostinho diz o seguinte a esse respeito em suas *Confissões*:

> T3. Há um livro meu que se intitula *Do Mestre*, onde ele dialoga comigo. Sabeis (Ó Deus!) que ele foi responsável por todas as idéias que aí lhe são atribuídas no papel de meu interlocutor na conversação? Ele tinha então 16 anos. Aprendi muitas outras e admiráveis coisas a respeito dele. Sua inteligência causava-me indescritível assombro. Quem, senão Vós, poderia ter sido o criador de tais maravilhas? (IX.6.14)

De fato, Adeodatus propõe alguns pontos muito astutos no diálogo. Começa com a pergunta de Agostinho: "Que te parece que queremos fazer quando falamos?" Adeodatus responde com esta tese:

(A1) Pelo que de momento me ocorre, quando falamos queremos ou ensinar ou aprender. (I.1)

Agostinho tenta converter esse propósito disjuntivo em um propósito singular. Sugerindo que, quando queremos aprender algo, estamos ensinando ao nosso interlocutor o que queremos aprender, Agostinho induz Adeodatus a concordar que (A) pode ser reduzido a isso:

(A2) Quando falamos queremos ensinar a alguém alguma coisa. (I.1)

Adeodatus apresenta agora um hábil contra-exemplo a (A2), a saber, cantando: "Dado que cantamos freqüentemente quando estamos sozinhos, sem a presença de alguém que pudesse aprender", sublinha ele, "não penso que estejamos querendo ensinar nada."

A resposta de santo Agostinho ao certeiro contra-exemplo de Adeodatus é, admitamos, um tanto fraca. Ele salienta que, por vezes, ensinamos quando lembramos alguma coisa a alguém. Sugere que, quando cantamos, estamos nos ensinando a relembrar algo que já sabemos.

Adeodatus, porém, não se deu por vencido. "Muito raramente me acontece que cante para me lembrar", replicou ele. "O mais freqüente é cantar pelo simples motivo de que isso me dá prazer." Ponto para Adeodatus!

Usando o que parece não passar de um sutil jogo de palavras, Agostinho quer convencer Adeodatus a concordar com essa nova tese:

(A3) A palavra foi instituída para ensinar ou recordar alguma coisa. (1.2)

Adeodatus propõe agora um outro contra-exemplo convincente: a oração. "Sem dúvida falamos enquanto oramos e, no entanto, é descabido acreditar que estejamos ensinando ou recordando alguma coisa a Deus." (1.2)

Agostinho responde com um pequeno sermão acerca do que se supõe acontecer na oração. Não fica claro se ele logrou neutralizar o contra-exemplo de Adeodatus. Mas este desempenha agora o papel de bom filho e abandona a oposição.

Essa seção de abertura do diálogo também contém alguns pontos interessantes que deixei de fora. Mas, para mim, o mais instrutivo nesse diálogo é o modo como Agostinho, à semelhança da maioria dos filósofos, insiste em tentar enunciar em uma simples tese a finalidade do uso da linguagem. Sensatamente, Adeodatus resiste à pressão de seu pai para simplificar. Sua sensibilidade para a variedade de coisas que fazemos com palavras poderia lembrar a um filósofo de hoje as *Investigações filosóficas*, de Ludwig Wittgenstein, ou *Como fazer coisas com palavras*, de J.L. Austin.

Os filósofos mostram-se, de tempos em tempos, muito rápidos em admitir que a finalidade do uso de linguagem é sempre a mesma, ou seja, a transferência de informação. De acordo com esse quadro, o falante está sempre passando informação para o ouvinte. Parte da razão pela qual Wittgenstein discorre sobre o que chama de "jogos de linguagem" é para nos lembrar da variedade de modos como as palavras são usadas e a variedade de contextos em que as usamos. Eis uma famosa passagem das *Investigações filosóficas* que enfatiza esse ponto:

> T4. Imagine a multiplicidade dos jogos de linguagem por meios dos seguintes exemplos e em outros:
>
> Dar ordens e obedecer-lhes;
> Descrever um objeto conforme sua aparência ou fornecendo suas medidas;
> Relatar um acontecimento;
> Especular sobre um acontecimento;
> Formular uma hipótese e prová-la;
> Apresentar os resultados de um experimento em tabelas e diagramas;
> Inventar uma história e lê-la;
> Desempenhar um papel teatral;
> Cantar canções populares;
> Adivinhar enigmas;
> Inventar uma anedota e contá-la;
> Resolver um problema de cálculo aplicado;
> Traduzir de uma língua para uma outra;
> Pedir, agradecer, praguejar, saudar, orar.[3]

É irônico que, em seu diálogo *Do mestre*, santo Agostinho nos mostre seu próprio filho, Adeodatus, resistindo ao que Baker e Hacker chamam de o "quadro agostiniano da linguagem". O tributo que Agostinho rende a seu filho é também um tributo à sua própria apreciação dos pontos defendidos por Adeodatus no diálogo.

O diálogo desloca-se em seguida para uma consideração dos significados das palavras. Estas, diz Agostinho, são signos, e um signo não pode ser um signo, insiste, a menos que signifique alguma coisa (II.3). Assim, a tese que Agostinho propõe é a seguinte:

(A4) Toda a palavra é um signo e todo signo significa algo.

Santo Agostinho testa (A4) com um verso da *Eneida* de Virgílio que começa da seguinte forma: "Se nada de uma tão grande cidade..." A primeira palavra neste verso já é um desafio para (A4). Agostinho pressiona Adeodatus para que diga o que a palavra "se" (em latim *si*) significa. Após alguma hesitação, Adeodatus responde que significa dúvida.

Agostinho então pergunta a Adeodatus o que "nada" (em latim *nihil*) significa. Seu filho responde: "Aquilo que não existe." A questão do que "nada" quer dizer ou significa é, certamente, muito ardilosa. Agostinho entende que a resposta de Adeodatus o leva à conclusão de que a palavra "nada" significa nada. É claro, se "nada" significasse nada, poderíamos razoavelmente concluir que a palavra é destituída de significado, o que seria absurdo.

Entretanto, não é inteiramente óbvio que a resposta de Adeodatus ("Aquilo que não existe") o levasse a essa conclusão de que "nada" é sem significação. Agostinho deveria ter sido mais bem-sucedido se mostrasse que a substituição de "nada" por "aquilo que não existe" em uma frase, como, por exemplo,

(a) Nada é melhor que uma cerveja gelada num dia quente

daria

(b) Aquilo que não existe é melhor que uma cerveja gelada num dia quente.

O que dificilmente é aquilo que queremos sublinhar.

É evidente que (a) e (b) não significam a mesma coisa. Assim, "nada" em (a) não significa "aquilo que não existe".

Em todo o caso, o próprio santo Agostinho sugere que "nada", tal como "se", significa um estado de espírito. Enquanto que o estado de espírito significado por "se" foi dito ser de dúvida, diz-se que o estado de espírito significado por "nada" é o de frustração por ter procurado alguma coisa e chegado à conclusão de que o que era procurado não existia. Mas é claro que "Olhei à minha volta e conclui que o que eu estava procurando não existe" tampouco pode ser substituído por ocorrências de "nada" de tal modo que se preserve o significado.

Posteriormente, os filósofos medievais chamaram palavras como "se" e "nada" de termos "sincategoremáticos". A idéia deles era que tais palavras não significam coisa alguma por si mesmas, somente em conjunção com outros termos. Seu significado deve ser dado pela especificação do papel sintático que desempenham nos enunciados em que figuram.

A dificuldade que Agostinho e seu filho têm em dizer o que "se" e "nada" significam revela que esses termos precisam ser entendidos de um modo diferente daquele como são entendidos termos "categoremáticos", tais como "homem", "cavalo" e "árvore". Mas nem Agostinho nem seu filho oferecem um diagnóstico satisfatório dessa diferença. Em face da perplexidade sobre o que poderia ser possivelmente pensado que "se" e "nada" significavam, eles puseram de lado a questão em torno do que as próprias palavras significam para abordar a questão sobre o que poderia ser a sua significação quando *proferidas* por alguém.

Suponhamos que o leitor me pergunte onde está a minha filha e eu respondo: "Ela está na sala ou na cozinha." Eu dizer isso em resposta à sua pergunta poderia ser interpretado, em circunstâncias normais, como incerteza acerca do paradeiro de minha filha. Mas dificilmente concluiríamos a partir disso que a própria palavra "ou" significa incerteza.

Entretanto, para que não se diga que somos rigorosos demais com Agostinho, talvez valha a pena assinalar que um filósofo do gabarito de Bertrand Russell usou em dada altura um raciocínio semelhante. Ele escreveu:

> Em lógica, "p" subentende "p ou q", mas em psicologia o estado mental de uma pessoa que afirma "p" é diferente do de uma pessoa que afirma "p ou q", a menos que a pessoa em questão seja um lógico. Suponhamos que me perguntam: "Em que dia você foi a Londres?" ... Se eu sei que era terça-feira, não responderei "terça ou quarta-feira", apesar do fato de que essa resposta seria verdadeira. Com efeito, só usamos a palavra "ou" quando estamos incertos, e se fôssemos oniscientes, poderíamos expressar o nosso conhecimento sem o uso dessa palavra – exceto, na verdade, o nosso conhecimento quanto ao estado mental daqueles cientes de um maior ou menor grau de ignorância.[4]

O ponto de vista de Russell condiz com a idéia de "implicatura conversacional" desenvolvida por Paul Grice.[5] Segundo Grice, é uma máxima da conversação que uma pessoa dê tanta informação quanto lhe for requerida. Assim, se eu acredito que a minha filha está na cozinha e não na sala, estarei violando uma implicatura conversacional se disser que ela está em uma ou outra, muito embora, é claro, a afirmação disjuntiva também será verdadeira se um ou outro membro disjunto for verdadeiro. Em todo o caso, Russell, como Agostinho, parece ter se concentrado mais no significado de "... ou ..." dito por alguém do que no significado do próprio "ou". É preciso manter distintas essas duas espécies de significado.

A discussão em *Do mestre* passa então a tratar de questões sobre se o significado de uma palavra pode ser mostrado apontando. Essa é a questão da aprendizagem ostensiva que relacionamos no início do capítulo com o comentário de Baker e Hacker sobre Wittgenstein, e com T2, o relato do próprio Agostinho, em suas *Confissões*, de como aprendeu o significado de palavras dos adultos à sua volta. Concebida como uma questão sobre de que maneira podemos, como bebês, romper o isolamento do nosso ego aprendendo uma língua, ele pergunta se os adultos podem usar o recurso de apontar e mostrar a fim de habilitar os bebês a conectar palavras com pessoas, objetos e até eventos no mundo.

A aprendizagem ostensiva, tal como é discutida por Agostinho com Adeodatus, inclui não só apontar com um dedo para o objeto significado, mas também demonstrar ou mostrar alguma coisa sem um sinal. Em *Do mestre*, o exemplo mais instrutivo é "caminhar". Agostinho quer saber de Adeodatus como alguém que já está caminhando pode, enquanto caminha, mostrar a um outro o que significa "caminhar". Adeodatus responde que realizaria a mesma ação, ou seja, caminharia, mas um pouco mais depressa (III.5). Em tom de censura, Agostinho pergunta ao filho se não sabe que andar depressa é algo diferente de caminhar.

Mais adiante, Adeodatus embeleza o ponto de vista de Agostinho:

> T5. ... como poderei evitar que alguém acredite que caminhar significa apenas a quantidade de caminho que eu percorri? Ora, se alguém pensar isso estará enganado, porque julgará que não caminhou nada quem tiver ido mais longe que eu, ou não tão longe quanto eu. (X.29)

O exemplo do caminhar torna-se emblemático em *Do mestre* para a ambigüidade de ostensão. Sem dúvida, caminhar é diferente de estugar o passo. Caminhar também é diferente de, digamos, andar de um lado para o outro, dar 55 passos, ficar perambulando, e uma série de outras coisas que um demonstrador poderia ter usado para exemplificar sua demonstração. A aprendizagem ostensiva está, segundo parece, crônica e inevitavelmente infestada de tais ambigüidades. Assim, como pode ser alguma vez bem-sucedida a aprendizagem de linguagem se, como Baker e Hacker caracterizam o "quadro agostiniano de linguagem", as definições ostensivas fornecem o único meio possível para correlacionar palavras com coisas?[6] E como poderia Agostinho estar certo quando declara em T2, "Quando os adultos denominavam algum objeto e, ao fazê-lo, se voltavam para ele, eu percebia isso e compreendia que o objeto fora designado pelos sons que eles pronunciavam quando queriam indicá-lo"?

Myles Burnyeat assinalou há algum tempo (ver "Leitura adicional" no fim do capítulo) que T2, a citação com que Wittgenstein inicia as suas *Investigações filosóficas*, omite importantes observações preliminares que figuram no começo desse parágrafo. Essas observações são cruciais para o entendimento da posição de Agostinho sobre aprendizagem ostensiva. As duas frases seguintes são de especial importância:

> T6. Não eram os adultos que me instruíam apresentando-me palavras numa certa ordem por ensino formal, como depois seria feito para me ensinar as letras do alfabeto. Eu mesmo adquiri esse poder da fala com a inteligência que Vós, meu Senhor, me concedestes. (I.8.13)

Assim, não é idéia de santo Agostinho, por fim, que os adultos estabeleceram para ele situações de aprendizagem isentas de ambigüidade. Ele afirma, pelo contrário, ter sido a sua própria inteligência que o habilitou a depreender quais eram as referências das palavras faladas em sua presença. E viu-se ser essa a solução para o problema da ambigüidade de ostensão que Agostinho apresenta em *Do mestre*. Eis a passagem crucial:

> T7. Agostinho: ... Consideremos um exemplo. Vamos supor que alguém, não familiarizado com as armadilhas que se preparam para caçar pássaros (as quais são feitas com varas e visco), se deparasse com um caçador armado e equipado com esses apetrechos, que ainda não está caçando mas está prestes a fazê-lo. Ao ver esse caçador, ele seguiu no seu encalço e começou a refletir e a perguntar a si mesmo, em sua surpresa, o que significava exatamente o

estranho equipamento daquele homem. Acontece que o caçador, querendo exibir-se quando percebeu que estava sendo alvo das atenções de um espectador, preparou seus caniços, emitiu seu assobio de chamariz e soltou seu gavião, e interceptou e capturou assim um passarinho que esvoaçava perto dele. Agora te pergunto: não teria o caçador ensinado ao homem que o observava o que este queria saber executando a própria tarefa, em vez de por meio de qualquer coisa que a significasse, por exemplo, por palavras?

ADEODATUS: Tenho a impressão de que tudo neste caso se assemelha àquele de que já falei, o do homem que pergunta o que é caminhar. Aqui tampouco vejo que tenha sido mostrada toda a arte de caçar.

AGOSTINHO: É fácil livrar-te dessa impressão. Acrescento que ele é tão inteligente que reconhece a arte de caçar como um todo, tomando por base apenas aquilo que viu...

ADEODATUS: Eu também posso acrescentar isto ao outro caso! Se for suficientemente inteligente, aquele que pergunta o que é caminhar compreenderá todo o processo se o ilustrarmos com alguns passos.

AGOSTINHO: Podes, sim, nem me oponho a que o faças, pelo contrário, fico muito contente... (X.32)

Assim, é a inteligência dada por Deus que nos habilita a aprender por ostensão, não simplesmente a justaposição de sinal e objeto significado. Sem essa inteligência, a crônica ambigüidade da ostensão bloquearia a aprendizagem.

No fim de *Do mestre*, Agostinho apresenta este ponto em termos teológicos. No que diz respeito a todas as coisas que entendemos, Agostinho recomenda que consultemos, "não o que fala ruidosamente fora de nós – mas a Verdade que dentro de nós preside ao trabalho da mente" (XI.38). A Verdade é assim identificada como Cristo, o Mestre. "O sol, ... a lua e as outras estrelas, as terras e os mares, e todas as coisas que são geradas neles em número incalculável", escreve Agostinho, "Deus e a natureza daqueles os percebem e consentem que todos eles se exibam e se mostrem por si mesmos." (X.32)

Assim, a descrição do processo de aprendizagem da linguagem no Livro I das *Confissões* não parece conflitar com a insistência de Agostinho, em *Do mestre*, em afirmar que o ensino ostensivo é sempre ambíguo. Se não fosse pela inteligência que Deus nos deu e pela iluminação fornecida pelo Mestre Interior, nós nunca aprenderíamos o que significa "parede" ou "caminhar" ou "caçar pássaros".

É claro, a Doutrina de Iluminação de santo Agostinho não seria mais bem-vinda para Wittgenstein que o quadro de aprendizagem através de ostensão que ele atribui a Agostinho. Mas é importante compreender que o próprio Agostinho estava ciente da ambigüidade da ostensão.

A Doutrina de Iluminação tem algum atrativo para qualquer filósofo ou lingüista de hoje? Vejamos esta explicação por Jerrold Katz para o conceito de "racionalismo lingüístico", que ele mesmo define e defende:

> O racionalismo lingüístico afirma que todos os conceitos válidos para a ciência e todas as explicações estão contidos no espaço inato de possíveis sentidos com que os humanos enfrentam a tarefa de aquisição de linguagem. A noção de espaço inato de possíveis sentidos deve ser entendida no contexto da hoje familiar posição cartesiana de Chomsky sobre aquisição de linguagem. Chomsky argumenta que só uma teoria de aquisição que postule princípios gramaticais inatos ricos o suficiente para especificar o conjunto de todas as gramáticas possíveis pode explicar o fato de crianças normais aprenderem as imensamente complexas estruturas de uma linguagem natural rapidamente, de maneira uniforme e na base de amostras muito degradadas de fala. Em nossa opinião, o postulado de tais princípios gramaticais inatos inclui princípios semânticos que especificam o espaço de possíveis sentidos.[7]

Katz vê os sentidos de palavras sob o prisma composicional, de tal forma que se, por exemplo, *movimento*, *por meio de*, *duas* e *pernas* eram semântica simples, podiam ser logicamente reunidos para formar o complexo conceito de *andar*. Se, pois, como Katz supõe, cada um de nós, seres humanos normais, tem inatamente disponível o espaço de todos os possíveis sentidos, a luz da iluminação divina poderia nos levar a escolher, separar esses traços, combiná-los de um certo modo, e apresentar o conceito de andar.

Outros inatistas entre os teóricos da aquisição de linguagem podem achar ou não atraente o racionalismo lingüístico de Katz. Eles podem ter uma história diferente para contar. A minha opinião é que alguns bons teóricos da aquisição de linguagem são inatistas. E as teorias inatistas geralmente podem ser elaboradas em termos agostinianos, desde que a referência a Cristo, ao Mestre Interior, sejam despojadas de seu significado explicitamente teológico. Assim, não é um exagero dizer que o agostinianismo está vivo hoje em teorias de aprendizagem lingüística, embora traje roupas inteiramente seculares, e tenha adquirido maior refinamento ao distinguir, por exemplo, entre termos categoremáticos e termos sincategoremáticos.

Leitura adicional

BURNYEAT, M.F. "Wittgenstein and Augustine *De Magistro*", in Gareth B. Matthews (ed.), *The Augustinin Tradition.* Berkeley, University of California Press, 1999, p.286-303. Burnyeat corrige a impressão que Wittgenstein nos dá a respeito das opiniões de Agostinho sobre ostensão na aprendizagem de linguagem.

5.

O *COGITO* AGOSTINIANO

Vimos no Capítulo 3 que santo Agostinho, em uma de suas primeiras obras, *Contra os acadêmicos* [escrita em 386], estabeleceu que podemos saber como nos *parecem* o mundo perceptível e as coisas existentes dentro dele, mesmo se nunca pudermos saber como é que realmente são. Mencionei que Agostinho, em seus escritos ulteriores, mostra relativamente pouco interesse nessa fonte de conhecimento. No entanto, retém um interesse em mostrar que, ao contrário dos céticos, existem muitas coisas importantes que podemos realmente *saber*. O seu mais inovador e significativo exemplo de algo que ele diz que cada um de nós pode saber é o que cada um expressa individualmente ao dizer "Eu existo".

Não há quase nenhum indício em *Contra os acadêmicos* da idéia de que "Eu sei que existo" pudesse ser considerada uma importante afirmação de conhecimento, ou mesmo que "Eu existo" e "Eu sei" pudessem contar como itens genuínos de conhecimento pela definição de Zênon.

Quando chegamos à última grande obra de Agostinho, *A cidade de Deus*, "Eu existo" e "Eu sei que existi" já constituem afirmações de conhecimento paradigmático. Eis a passagem crucial:

> T1. A respeito dessas verdades, os jogos de palavras e argumentos capciosos dos acadêmicos [isto é, dos céticos da Nova Academia] perdem toda a sua força. Se dizem: "E se estiver enganado?" – bem, se estou enganado, eu existo. Pois aquele que não existe não pode, de forma alguma, estar enganado. Portanto, se estou enganado, existo. Porque, portanto, se estou enganado que existo [*si fallor sum*] como posso estar enganado [em pensar] que existo, se é certo que, se me engano, é porque existo? E porque, se eu pudesse estar enganado, eu teria de ser aquele que está enganado, portanto, não estou com toda a certeza enganado em saber que existo. (XI.26)

Eu chamo à idéia expressa nesta passagem "o *cogito* agostiniano" para destacar uma importante similaridade entre ele e a ainda mais famosa proposição de Descartes, *cogito ergo sum* (penso, logo existo). Para fins de comparação, eis uma das mais importantes passagens do *cogito* cartesiano. Esta é extraída de sua *Segunda meditação*:

> T2. ... convenci-me de que nada existia no mundo, que não havia nenhum céu, nenhuma terra, nenhuns espíritos, nenhuns corpos. Daí se infere que também eu não existo? Certamente que não: se me convenci de alguma coisa [a versão francesa acrescenta: ...ou pensei qualquer coisa], então é indubitável que existo. Mas há um enganador de sumo poder e astúcia, não sei qual, que está deliberada e constantemente me ludibriando. Não há, pois, a menor dúvida de que existo, uma vez que ele me engana (*sum, si me fallit*); e por mais que me ludibrie, jamais poderá fazer com que eu não seja nada enquanto puder pensar que sou alguma coisa. De modo que, após ter ponderado longa e cuidadosamente sobre tudo isso, devo finalmente concluir que essa proposição, *eu sou, eu existo*, é necessariamente verdadeira sempre que enunciada por mim ou concebida em minha mente. (CSM II, 16-17; AT VII, 25)

Uma afirmação central na passagem agostiniana, T1, é "Se eu estou enganado, eu existo" (*si fallor, sum*). Essa asserção é quase que rigorosamente paralela à afirmação central em T2, a passagem cartesiana, "Eu existo, uma vez que ele me engana" (*sum, si me fallit*). O que aduzir desta extraordinária semelhança?

Comentadores desde a própria época de Descartes até os dias de hoje têm se interessado pela questão de apurar a que idéias de Agostinho teria Descartes recorrido e, de um modo geral, em que medida Agostinho influenciou o pensamento de Descartes. Houve, sem dúvida, uma influência muito significativa. Filosoficamente, porém, muito mais interessante que a questão da possível influência, é a questão de qual papel santo Agostinho atribui ao conhecimento que ele pensa que cada um de nós possui ao existir e como esse papel se compara com o uso da afirmação de Descartes, "Eu existo".

Descartes, na Parte 4 de seu *Discurso do método*, apresenta o seu raciocínio *cogito* do seguinte modo:

> T3. Dei-me conta de que, enquanto estava assim tentando pensar que tudo era falso, impunha-se a necessidade de que eu, que estava pensando isso, fosse alguma coisa. E reconhecendo que esta verdade "Eu penso, logo existo" era tão firme e tão certa que todas as mais extravagantes suposições dos céticos seriam incapazes de a abalar, decidi que podia aceitá-la sem escrúpulo como o primeiro princípio da filosofia que eu estava procurando. (CSM I, 127; AT VI, 32)

Como Descartes deixa claro em T3, ele usa "eu existo" como o primeiro princípio da filosofia que está procurando. O seu procedimento, nas *Meditações*, é em termos gerais o seguinte. Ele reputa "Eu existo" invulnerável à dúvida. Por causa dessa invulnerabilidade à dúvida, o princípio torna-se a pedra fundamental de sua reconstrução racional do que é o que ele sabe. Em seguida ele pergunta o que é esse "eu" que não pode duvidar de que existe. É, responde ele, algo que duvida, entende, afirma, nega, consente, repele, e também imagina e tem impressões sensoriais, em suma, é uma mente, uma coisa pensante (*res cogitans*).

Descartes indaga posteriormente o que há de tão especial em sua idéia de que ele existe que a torna invulnerável à dúvida. Sua resposta é que essa idéia é *clara e precisa*. Ele aceita, pois, a clareza e a precisão como um critério de verdade ("É verdadeiro tudo o que percebo de forma clara e precisa"). Com esse critério, ele empreende a tarefa de provar a existência e natureza de Deus e, na última *Meditação*, a existência do mundo físico do corpo. Assim, é verdade que Descartes fez de "Eu existo" o primeiro princípio de sua filosofia. Podemos encontrar algo comparável a essa reconstrução racional do conhecimento na indubitável fundação de "Eu existo" em Agostinho? Há, de fato, uma tênue prefiguração do programa de Descartes no Livro II de *Do livre-arbítrio*, de Agostinho. Citei um trecho dele no Capítulo 1, onde Agostinho ajuda o seu interlocutor, Evódio, a reconstruir o que sabe sobre si mesmo e o mundo. Esse projeto, que começa com a aceitação por Evódio da afirmação "Eu existo", culmina em um argumento a favor da existência de Deus.

Cumpre admitir, porém, que o programa de reconstrução de Agostinho no Livro II de *Do livre-arbítrio* está muito longe de ser tão sistemático, ambicioso ou convincente quanto o de Descartes em suas *Meditações*. O programa de Agostinho convida Evódio e, por intermédio dele, cada um de nós, seus leitores, a pensar sobre o que sabemos, baseados em nossa própria experiência e raciocínio, sem recorrer a uma autoridade externa. Mas não se pode dizer muito mais do que isso a seu respeito.

As outras passagens do *cogito* em Agostinho, entretanto, com destaque para a passagem T1 de *A cidade de Deus*, e uma passagem especialmente fascinante de *Da Trindade*, Livro XV, são defesas muito mais refinadas do conhecimento de Agostinho de que ele existe. Mas não levam a nada tão ambicioso como seria uma prova da existência de Deus. A que finalidade se propõem servir?

Em primeiro lugar, essas últimas passagens remetem ao objetivo precípuo de *Contra os acadêmicos*: provar que o ceticismo global ou universal pode ser derrotado. Embora Agostinho não mencione o tópico da definição de Zênon nessas obras ulteriores, parece provável que ele próprio estivesse trabalhando com uma concepção semelhante de conhecimento, uma livre, sem dúvida, da maquinaria mental de impressões "catalépticas" ou cognitivas, isto é, geradora de conhecimento. Sua noção de conhecimento parece ter sido bem captada no seguinte bicondicional, que é um estreito correlato de (Z), minha tentativa no Capítulo 3 de apreender o âmago da definição de Zênon:

(K) A sabe que *p* se, e somente se, (i) parece a A que *p* e (ii) A não pode estar equivocado em pensar que *p*.

Vejamos agora "Eu existo". Certamente me parece que existo; logo, é satisfeita a condição (i) de (K). Ademais, não posso estar enganado ao pensar que existo; logo, é satisfeita a condição (ii) de (K). Assim, por (K), sei que existo.

(K) trabalha um pouco mais diretamente que [Z] com alguns dos outros exemplos de Agostinho em *Contra os acadêmicos*. Considere-se a verdade aritmética de que 2 + 2 = 4. Por (K) eu sei que 2 + 2 = 4 se (1) me parecer que 2 + 2 = 4 e (2) ao pensar que 2 + 2 = 4 não posso estar enganado. A segunda afirmação parece mais natural do que o que teríamos de propor para (Z), a saber, não me pareceria que 2 + 2 = 4, a menos que 2 + 2 seja = 4. Em todo o caso, trabalhemos com (K) como uma boa aproximação do critério de Agostinho para o conhecimento, pelo menos em suas obras subseqüentes.

Chamo a atenção no Capítulo 3 para uma diferença entre o modo como pode ser conhecida uma verdade da lógica ou da matemática, de acordo com (Z), e o modo como poderia ser conhecido um fenômeno sensorial. "O sabor disto é amargo para mim" me é conhecido por seu aparente gosto amargo, somado à impossibilidade de que seu sabor pareça amargo e de que seja o caso de não ter um gosto amargo para mim. Em contraste, "2 + 2 = 4" me é conhecido, poderíamos dizer, simplesmente porque me parece que 2 + 2 = 4, somado à impossibilidade de que 2 + 2 ≠ 4. O que me garante a verdade do que me parece ser o caso nesse exemplo é a necessidade de "2 + 2 = 4".

A esse respeito, "Eu existo" é um pouco mais como "O sabor disso é amargo para mim". Não é necessariamente verdadeiro que eu, GM, existo, muito embora, como Descartes nos diz em T2, "Eu existo", seja necessariamente verdadeiro "sempre que é alegado por mim ou concebido em minha mente".

Os filósofos dos dados sensoriais do século XX afirmaram que as percepções infalíveis de aparências (por exemplo, "Isso parece-me vermelho", "Isso tem um sabor amargo para mim") são a fundação do que sabemos acerca do mundo perceptual. Agostinho, porém, não era um teórico dos dados sensoriais. Não tinha um interesse filosófico especial nas aparências das coisas. Assim, não surpreende que, quando lhe ocorreu a idéia de que poderia derrotar a ameaça de ceticismo global com "Eu existo", ele tenha abandonado "O sabor disso é amargo para mim" e "Isso parece-me vermelho" como importantes padrões de conhecimento impenetráveis à dúvida. "Eu existo" é certamente um padrão muito mais significativo.

Existe, entretanto, consideravelmente mais a dizer acerca do papel de "Eu existo" na filosofia de santo Agostinho.[1] Assinale-se que ele apresenta pela primeira vez sua proposição de *cogito* em *A cidade de Deus*:

> T4. De fato, reconhecemos também em nós mesmos uma imagem de Deus, que é a dessa Trindade suprema, mesmo que a Imagem não se iguale a Ele em valor mas esteja, pelo contrário, muito longe disso. A imagem não é co-eterna e, para resumir, não é formada da mesma substância de Deus. Entretanto, está mais perto d'Ele na escala da natureza do que qualquer outra coisa por Ele criada. Embora requeira ainda ser remodelada e aperfeiçoada a fim de se aproximar ao máximo de sua semelhança com Ele. Mas existimos, e sabemos que existimos, e gostamos de existir e de saber que existimos.
>
> Além disso, nessas três coisas que eu disse, não somos confundidos por qualquer erro disfarçado de verdade. Pois não entramos em contato com essas realidades da mesma forma que o fazemos no tocante aos objetos externos, ou seja, por meio de qualquer dos

> sentidos corporais. Conhecemos as cores, por exemplo, ao vê-las, os sons ao ouvi-los, os odores pelo cheiro, o sabor das coisas provando-as, e se os objetos são macios ou ásperos pelo tato. Também temos imagens que se assemelham muito a esses objetos físicos mas não são materiais. São imagens que vivem em nossas mentes, onde as usamos em pensamento, preservamo-las em nossa memória e somos por elas estimulados a desejar os próprios objetos. Mas é sem qualquer jogo enganoso da minha imaginação, com suas visões reais ou irreais, que eu estou absolutamente certo de quem sou eu, de que sei quem sou, e de que gosto desse ser e desse saber. (*A cidade de Deus*, XI.26)

T4 é uma passagem incrivelmente audaciosa. Ela compara cada um de nós, seres humanos, com a Divina Trindade. De fato, condensa a idéia central dos Livros VIII a XV do grande tratado de Agostinho, *Da Trindade*. Nessa obra, Agostinho tenta nos ajudar a entender como Deus pode ser três e um apresentando várias "trindades" existentes na mente humana, tais como memória, entendimento e vontade, e nos fazendo ver que essas trindades também são três e um. Sua idéia é que a mente é memória, entendimento e vontade de um modo análogo àquele em que Deus é Pai, Filho e Espírito Santo. De forma bruta, a memória não é apenas uma parte da mente, digamos, um compartimento ou uma faculdade da mente; tampouco o entendimento ou a vontade são apenas compartimentos ou faculdades. A memória é a mente, embora não seja tudo o que à mente cumpre realizar. A memória é a mente reunindo e armazenando coisas. O entendimento é a mente compreendendo coisas. E a vontade é a mente escolhendo coisas e pondo coisas em ação.

Em T4 Agostinho pensa ter encontrado uma outra espécie de analogia para iluminar a três-em-unicidade de Deus. Desta vez, sua trindade é formada por três verdades: "Eu sou", "Eu sei que sou" e "Eu gosto de ser e de saber que sou". Cada uma é distinta das outras duas, mas nenhuma está separada das outras duas.

Tudo isso é um modo um tanto esotérico de nos convidar a refletir sobre a "esfera interior" do nosso ser, à qual não se aplica apenas a inicial tríade de verdades "Eu sou", "Eu sei que sou" e "Eu gosto de ser e de saber que sou", mas também toda uma série de verdades adicionais. Esse domínio "interior" é, pensa ele, imediata e diretamente reconhecido por cada um de nós. É algo que cada um de nós, individualmente, tem, aquilo que os filósofos mais atuais denominam "acesso privilegiado". E é muito diferente do mundo "externo" que só nos é imperfeitamente revelado através dos nossos sentidos. Agostinho pensa que "Eu existo" é uma verdade central desse conhecimento interno. Outras verdades baseiam-se, de algum modo, nessa verdade fundamental.

Eis agora o que vem imediatamente após T1:

> T5. Segue-se, também, que não estou equivocado ao dizer que sei o que sei, pois assim como sei que sou, também sustento que sei o que sei. E quando gosto dessas duas coisas, adiciono esse mesmo gosto a uma terceira de não menor valor que essas coisas que sei. Nem a minha asserção de que gosto é um equívoco, uma vez que não estou errado nessas coisas de que gosto. Mesmo que fossem ilusões, ainda seria verdadeiro que eu gosto de ilusões. (*A cidade de Deus*, XI.26)

Acarretaria uma considerável discussão escolher a base em que Agostinho se apóia para pensar que pode multiplicar as verdades que ele supõe poder conhecer a respeito do seu eu interior. Em primeiro lugar, ele *parece* supor que pode apoiar-se no que é chamado hoje de "Princípio KK": "Se A sabe [*knows*] que *p*, então A sabe [*knows*] que ela/ele sabe [*knows*] que *p*."

Jaakko Hintikka, em sua obra pioneira sobre lógica epistêmica, *Knowledge and Belief*, afirma que "*a* sabe que *a* sabe que *p*" é "virtualmente equivalente" a "*a* sabe que *p*". Seu raciocínio é que, por fim, seria deveras estranho dizer: "Eu sei que este é o Herter Hall, mas não sei que sei isso."

Concordo até aqui. Certamente não faria sentido dizer "Eu sei que este é o Herter Hall, mas não sei que sei isso". Mas, como G.E. Moore destacou há muito tempo, tampouco faria o menor sentido dizer "Este é o Herter Hall, mas não acredito que seja o Herter Hall". Contudo, não queremos dizer que "Acredito que este é o Herter Hall" é virtualmente equivalente a "Este é o Herter Hall". Nem mesmo queremos dizer que "Este é o Herter Hall" acarreta "Eu acredito que este é o Herter Hall". Na melhor das hipóteses, queremos dizer que a *afirmação* de alguém, "Este é o Herter Hall", subentende pragmaticamente, ou coloquialmente, em circunstâncias normais que o locutor acredita que esse é o Herter Hall.

Devíamos, penso eu, ser cautelosos ao pressupor que "Eu sei que existo" é "virtualmente equivalente" a "Eu sei que sei que existo". Em circunstâncias normais, seria muito estranho dizer a primeira coisa sem concordar com a segunda. Mas imaginemos uma circunstância anormal. Suponhamos que estou hesitante sobre o que é requerido para que alguma coisa em que acredito seja considerada um conhecimento. Eu poderia dizer: "Bem, seja o que for requerido para que seja considerado um conhecimento, de uma coisa estou inteiramente certo: Eu sei que existo. Mas até ficar esclarecido acerca da apropriada análise do conhecimento, não posso honestamente dizer: 'Eu sei que eu sei que existo.'"

De fato, defender a "ascensão" de santo Agostinho do "Eu sei que existo" para "Eu sei que sei que existo" na base de que essas duas asserções são virtualmente equivalentes não seria, de qualquer forma, recebida de bom grado por Agostinho. Por fim, o seu projeto consiste em multiplicar as verdades que se pode dizer que uma pessoa conhece a respeito da "esfera interna" de sua mente, sem temer o desafio cético. Se as afirmações em nível superior de conhecimento são virtualmente equivalentes à afirmação de conhecimento básico, então a multiplicação será tão-somente uma ampliação ilusória do "conhecimento interno" da pessoa, ou talvez uma "ampliação virtual" do mesmo.

A idéia de Agostinho deve ser, não que a reiterada afirmação de conhecimento ("Eu sei que eu sei...") seja equivalente, mesmo que apenas virtualmente, mas, pelo contrário, saiba que saber que existe é algo que pode nos parecer ser o caso, de tal modo que fica impossível estar equivocado. Mas por que ele pensa, isso é um ponto que não está claro para mim.

Consideremos agora a passagem do *cogito* em *Da Trindade*. Ela assemelha-se a T1 e T5, mas com uma impressionante e óbvia diferença. Nela, Agostinho usa "Estou vivo" (ou "Eu vivo"), em vez de "Eu sou" (ou "Eu existo"). Para que "Estou vivo" desempenhe esse papel central, como um item de "conhecimento interno", devemos entender "vida" e "vivo" e seus conatos, não em qualquer sentido especificamente biológico, mas, antes, no modo como entendemos "vida" de maneira natural na pergunta "Existe vida após a morte?" Como essa pergunta é normalmente entendida, uma resposta afirmativa poderia ser corroborada por alguma forma *post-mortem* de existência consciente que carece de uma base biológica.

Eis uma passagem essencial de *Da Trindade*:

> T6. É por intermédio de um conhecimento interno que sabemos que vivemos, quando nem mesmo um acadêmico pode dizer: "Talvez estejas dormindo e não o saibas, e vejas as coisas em sonhos." Pois quem ignora que as coisas vistas por aqueles que estão dormindo são muito semelhantes às coisas vistas por quem está acordado? Mas aquele que está certo obre o conhecimento de sua própria vida não diz "Eu sei que estou acordado", mas "Eu sei que estou vivo"; portanto, quer durma ou esteja desperto, ele vive. Não pode ser enganado em seu conhecimento desse fato, nem mesmo por sonhos, visto que dormir e ter sonhos é característico de quem vive ... Coloquem mil espécies de ilusões óticas diante daquele que diz: "Eu sei que vivo"; ele não sentirá receio de nenhuma delas, visto que mesmo aquele que é iludido, vive. (XV.12.21)

Essa passagem, como T1, é imediatamente seguida por um trecho em que Agostinho procura multiplicar os itens de conhecimento interno que estão, supõe ele, igualmente imunes aos ataques dos céticos:

> T7. Se tais coisas pertencem só ao conhecimento humano, então elas são muito poucas; a menos que se multipliquem tanto, que não só deixem de ser poucas mas se apure que atingem até um número infinito. Pois aquele que diz "Eu sei que vivo", diz que sabe uma coisa; se ele então disser "Eu sei que sei que vivo", já são duas coisas, mas o conhecimento dessas duas implica o saber uma terceira coisa, e assim ele pode adicionar uma quarta e uma quinta, e inúmeras coisas mais, enquanto for capaz de fazer isso. Mas por não poder conceber uma quantidade inumerável adicionando uma coisa a uma outra, ou expressar uma mesma coisa inúmeras vezes, ele entende esse fato e diz com absoluta certeza que isso é verdadeiro e tão incontável que lhe é verdadeiramente impossível conceber e expressar seu número infinito. (XV.12.21)

Depois de T7, Agostinho passa a articular afirmações semelhantes sobre "Eu serei (ou quero ser) feliz". Essa alegação, diz ele, é algo a cujo respeito a pessoa não pode ser enganada.[2] E acrescenta que, assim como sei que quero ser feliz, também sei que sei que quero ser feliz, e assim por diante.

Não está muito claro para mim exatamente como Agostinho pensa que a iteração de asserções de conhecimento ("Eu sei que eu sei que eu sei" etc.) pode ser justificada em face do mais fervoroso ceticismo. Pelo menos três dificuldades se encontram no caminho de usar o Princípio KK para justificar essas iterações.

A primeira dificuldade já foi por mim mencionada. Se o princípio KK se justifica pelo pressuposto de que "Eu sei que eu sei que *p*" é virtualmente equivalente a "Eu sei que *p*", então a multiplicação de afirmações de conhecimento só pode ser uma ilusão, sendo cada iteração virtualmente equivalente à sua antecessora.

Uma segunda dificuldade atinge as utilizações do Princípio KK na terceira pessoa. Joana pode saber que *p*, mas não sabe que Joana sabe que *p* porque não sabe que ela é Joana. Essa dificuldade parece não se aplicar às utilizações do Princípio KK na primeira pessoa, uma vez que não posso deixar de saber que eu sou eu.

A terceira dificuldade, à qual já aludi, pode ser a mais séria das três. Suponhamos não haver a menor dúvida de que sei que existo, mas que fiquei perturbado pela incapacidade dos filósofos em chegar a um acordo sobre o que é saber alguma coisa. Parece que não posso saber que sei que existo a menos que saiba o que é saber alguma coisa. Se eu sei não importa o quê, e certamente sei alguma coisa, sei que existo. Mas para *saber que sei* que existo também devo saber, segundo parece, quais são as condições necessárias e suficientes para saber alguma coisa. E isso não sei.

Agostinho parece não partilhar de minhas inquietações. Ele parece muito confiante em estar justificado para iterar essas afirmações de "conhecimento interior" sem correr o risco de ficar vulnerável ao ataque cético. Parece ser muito importante para ele fazer isso, de modo a poder atribuir um lugar central ao conhecimento interior, ao lado do conhecimento propiciado pelos sentidos e testemunhos. Assim, a longa discussão de "Eu sei que estou vivo" e "Eu sei que quero ser feliz", e suas inúmeras iterações, é seguida em *Da Trindade* por uma passagem em que ele compara essas afirmações de conhecimento interior com outras afirmações mais convencionais de conhecimento:

> T8. Longe está de nós a idéia de duvidar daquelas coisas que percebemos através dos sentidos do corpo. Pois através deles tomamos conhecimento dos céus e da terra e das coisas neles existentes, as quais nos são conhecidas na medida em que Ele, que nos tinha criado e a elas, quis que fossem do nosso conhecimento.
>
> Longe está de nós também negar o que aprendemos através dos testemunhos de outros, sem os quais ignoraríamos a existência de um oceano; ignoraríamos a existência de terras e de cidades que a mais celebrada fama recomenda; ignoraríamos a existência de homens e de suas obras, das quais tomamos conhecimento pela leitura da história; ignoraríamos as notícias que cotidianamente nos chegam de toda a parte e são confirmadas por provas coerentes e convincentes; e, por fim, ignoraríamos em que lugares e de que pessoas nascemos, porque acreditamos em todas essas coisas com

> base no testemunho de outros. Mas é sumamente absurdo negar isso, e devemos confessar que, não só os sentidos do nosso próprio corpo, mas também os de outras pessoas, contribuíram imensamente para os nossos conhecimentos. (XV.12.21)

Considerado *per se*, T8 é uma lista muito vulgar de coisas que comumente tomamos conhecimento. Mas no contexto de uma análise de argumentos singularmente semelhantes ao *cogito* de Descartes, trata-se de uma passagem excepcional. O que T8 deixa claro, sem qualquer sombra de dúvida, é que Agostinho mostra aqui não nutrir a menor ambição de fornecer uma reconstrução racional de tudo o que sabe, assente sobre os indubitáveis alicerces de "Eu existo" (ou "Eu sei que existo") ou "Eu estou vivo" (ou "Eu sei que estou vivo"). Ele prefere usar "Eu sei que estou vivo", e pensa que a iteração das afirmações de conhecimento é uma decorrência disso, assim como pensa que "Eu sei que quero ser feliz" e a resultante iteração das afirmações de conhecimento pretendem chamar a atenção para um domínio interior de conhecimento que cada um de nós abriu para si mesmo. Trata-se de um domínio, pensa Agostinho, invulnerável ao ceticismo acadêmico. Mas ele não supõe em momento algum que esse domínio do conhecimento interior constitui a fundação para tudo o que sabemos. Tudo o que sabemos, através dos nossos sentidos, a respeito dos céus e da terra, e o que sabemos graças ao testemunho de outros sobre a história humana e a nossa própria história pessoal, não é para ser denegrido nem para que se confira um fundamento filosófico ao nosso conhecimento interior.

Retornando ao *Do livre-arbítrio* de santo Agostinho, talvez possamos enxergar nessa obra um prenúncio da audaciosa tentativa de Descartes de reconstruir tudo o que sabemos sobre a invulnerável base de "Eu penso, logo existo". Mas se Agostinho alimentou alguma vez um projeto capaz de ombrear em ambição com o de Descartes, o abandonou mais tarde.

Leituras adicionais

Matthews, Gareth B. *Thoight's Ego in Augustine and Descartes.* Ithaca, Cornell University Press, 1992. Esta obra oferece uma comparação mais extensa dos propósitos e realizações de Agostinho e Descartes.

Hintikka, Jaakko. *Knowledge and Belief.* Ithaca, Cornell University Press, 1962.

6.

O DUALISMO MENTE-CORPO

No Livro X do grande tratado de santo Agostinho *Da Trindade*, podemos encontrar pelo menos dois argumentos diferentes para o dualismo mente-corpo. Agostinho talvez pensasse estar oferecendo uma linha única de raciocínio para a imaterialidade da mente. Mas esses dois argumentos parecem ser muito distintos. Além disso, cada argumento é muito diferente de tudo o que se pode encontrar em Descartes sobre a real distinção entre mente e corpo. E ambos são também diferentes dos argumentos a favor da incorporeidade da alma em Platão.

Eis o primeiro argumento:

> T1. Nenhum [desses filósofos] se apercebeu de que a mente [*mens*] se conhece a si própria, até mesmo quando se busca a si própria... Mas de maneira nenhuma pode ser corretamente dito de alguma coisa que é conhecida quando sua substância (ou essência, *substantia*) é desconhecida. Portanto, na medida em que a mente se conhece, ela conhece a sua substância (ou essência). Mas se está certa a respeito de si mesma, como as coisas acima ditas provaram, não existe, em absoluto, a mesma certeza quanto à natureza da mente: se é ar, ou fogo, ou um corpo, ou algo corpóreo. Não é, portanto, qualquer dessas coisas. (X.10.16)

O que, exatamente, Agostinho quer dizer quando escreve nessa passagem que a mente "está certa a respeito de si mesma [*certa de se*], como as coisas acima ditas provaram"? Talvez esteja se referindo a uma passagem no Capítulo 9 da mesma obra, seção 12, que assim começa:

> T2. Mas quando é dito à mente: "Conhece-te a ti mesmo!", ela conhece-se no próprio instante em que entende a expressão "a ti mesmo"; e conhece-se a si mesmo por nenhuma outra razão senão a de que está presente para si mesmo. Mas se não entender o que é dito, certamente não obedecerá a essa ordem. Por conseguinte, é ordenada a fazer o que faz quando entende a própria ordem. (X.9.12)

Agostinho prossegue:

> T3. Que [a mente] nada acrescente àquilo que ela sabe quando ouve que devia conhecer-se a si mesma. Pois certamente se conhece quando lhe dirigem a palavra, ou seja, que existe e vive e tem entendimento. Mas um cadáver existe e um animal vive, porém, tanto o cadáver quanto o animal não possuem entendimento. Portanto, [a mente] sabe que existe e vive do modo como o entendimento [*intellegentia*] existe e vive. (X.10.13)

Alguém pode querer saber: mas o que é "o modo como o entendimento existe e vive"? O que santo Agostinho parece ter em mente é o modo como se processa e se desenrola a atividade característica da mente. Assim, o modo como a inteligência existe e vive parece ser o modo como o pensamento consciente existe e vive.

Um materialista, prossegue Agostinho, deve pensar que o entendimento é produzido por algum tipo de matéria. Mas isso é apenas uma opinião, algo sobre o qual os filósofos expendem pontos de vista discordantes. Entretanto, mesmo que a mente de algum filósofo materialista pense tratar-se de ar, fogo ou corpóreo, isso seria, na melhor das hipóteses, algo em que a própria mente acredita, nada que ela saiba ser intrinsecamente verdadeiro. "Ponhamos de lado, portanto", escreve ele, "aquilo que ela [meramente] pensa que seja e consideremos unicamente aquilo que ela sabe [ser]." Assim:

> T4. Deixemos ficar isto assente que nem mesmo aqueles que consideraram a mente como esta ou aquela espécie de corpo tem dúvidas quanto a isso. Pois nem toda a mente se considera um ar, mas, como mencionei acima, algumas consideram-se fogo, outras um cérebro e outras como esta ou aquela espécie de corpo. Mas todas sabem, porém, que entendem, que existem e vivem... (X. 10.13)

Agostinho dá, em seguida, este importante passo metodológico:

> T5. Mas uma vez que tratamos da natureza da mente, retiremos de nossa consideração todo o conhecimento que é recebido de fora, através dos sentidos do corpo, e ocupemo-nos mais cuidadosamente da posição que estabelecemos, segundo a qual todas as mentes sabem e estão certas a respeito de si mesmas. (X.10.14)

E continua:

> T6. Pois certamente houve quem pusesse em dúvida se a energia de viver, recordar, entender, querer, pensar, conhecer, julgar, provinha do ar, ou do fogo, ou do cérebro, ou do sangue, ou dos átomos, ou – além dos quatro elementos usuais – de uma quinta espécie de corpo – não sei qual – ou se combinando ou misturando tudo isso em proporções certas, a nossa própria carne tem o poder de realizar essas coisas. E um é tentado a aceitar isso como provado, outro a aceitar aquilo. Entretanto, quem duvida de que está vivo, e recorda, e entende, e quer, e pensa, e sabe, e julga? (X.10.14)

A lista de santo Agostinho de indubitáveis funções mentais converte-se em sua caracterização do que é uma mente. Assim:

M. Uma mente é algo que vive, recorda, entende, deseja, pensa, conhece e julga.

Agostinho procura estabelecer essa lista mostrando que a própria tentativa da mente de duvidar de que desempenha qualquer dessas funções é, de um certo modo, um efeito contrário ao que se desejava.

Tudo isso nos leva de volta à nossa primeira passagem, T1. Ficamos sabendo, penso eu, o que Agostinho quer dizer quando afirma que a mente "se conhece a si mesma" e "está certa a respeito de si mesma, como as coisas acima ditas provaram". A mente sabe que existe, vive e entende. A mente sabe também que possui a natureza dada em M. Vejamos agora o argumento para provar que a mente não é um corpo ou qualquer coisa corpórea.

Argumento A

(1) Se x conhece e tem a certeza de y, então x conhece a substância (ou essência) de y.

Assim: (2) Se a mente conhece e tem a certeza de y, então conhece a substância (ou essência) de y.

(3) Se x conhece a substância (ou essência) de y, então para qualquer matéria ou espécie de matéria, z, se y é z, então x tem a certeza de que y é z.

Assim: (4) Se a mente conhece sua própria substância (ou essência), então, se é ar, ou fogo, ou qualquer corpo, ou qualquer coisa corpórea, a mente está certa de que é ar, ou fogo, ou algum corpo, ou algo corpóreo.

Mas: (5) A mente não está certa de que seja ar, ou fogo, ou qualquer corpo, ou qualquer coisa corpórea.

Logo: (6) A mente não é nenhuma dessas coisas.

Podemos estar um tanto inseguros sobre como traduzir *substantia* em T1, uma vez que Agostinho nos diz no Livro V dessa mesma obra[1] que o seu latim não faz distinção alguma entre *subs-*

tantia (substância) e *essentia* (essência). Tentemos manter ambas as opções em aberto.

O ponto mais fraco no Argumento A parece ser a premissa (1). Se traduzirmos *substantia* como substância, o significado poderia ser que não podemos conhecer alguma coisa sem estarmos aptos a, pelo menos, identificar a sua substância. Assim, a aplicação à mente, linha (2) do argumento, poderia requerer apenas que, ao conhecer-se a si mesma, a mente necessitaria saber que é uma mente. Mas essa leitura não pareceria subscrever a linha (4). Por que deveríamos pensar que qualquer mente que sabe que é uma mente tem de conhecer por essa razão de que material é feita, se é que é feita de algum?

Talvez santo Agostinho tenha previsto essa objeção quando, na passagem que precede imediatamente T1, admitiu que o materialista considerará as atividades da mente como uma configuração de qualidades – propriedades, poderíamos dizer hoje – de uma substância material. Mas ele nada faz a respeito para tornar plausível a afirmação de que, por se conhecer e estar certa de si mesma, a mente, se fosse uma configuração de propriedades de alguma substância, teria de saber com toda a certeza de que substância é feita essa configuração de propriedades.

Uma vez que nenhum argumento persuasivo foi obtido por *substantia* ser entendida como substância, talvez seja preferível usar a outra opção e deixar que "essência" seja a nossa tradução de *substantia*. De fato, parece ficar muito plausível a afirmação de que qualquer mente que conhece a sua essência também saberá se ela é ar, ou fogo, ou qualquer corpo. Entretanto, embora mais plausível, talvez ainda não seja o suficientemente plausível. Talvez, como alguns filósofos pensaram, a mente seja uma entidade funcional que pode ser realizada em qualquer de muitos materiais diferentes. Nessa concepção, a mente pode certamente ser realizada em um cérebro, mas talvez possa também ser realizada em *hardware* de computador, ou em algum outro material. Se isso estiver correto, então uma mente pode conhecer sua própria essência sem saber de que natureza é a matéria em que está consubstanciada.

Além disso, em relação a essa interpretação de *substantia* como "essência", a linha (1) também parece implausível. Por que supor que alguém que conhece x conhecerá também a essência de x? Citando o famoso exemplo de Aristóteles em *Segundos analíticos* B8, parece ser possível saber que o trovão é um estrondo nas nuvens sem conhecer a essência do trovão. De fato, como Aristóteles sugere nessa passagem, talvez possa haver a necessidade de usar uma "definição nominal", como "estrondo nas nuvens", para identificar a coisa cuja essência está se procurando determinar.

Assim, seja de que modo for que se entenda *substantia* na linha (1) e seguintes, essa premissa no Argumento A parece discutível. A minha conclusão, portanto, é que o Argumento A carece de persuasão.

Agostinho também tem um segundo argumento para o dualismo mente-corpo. A passagem em que ele oferece esse argumento decorre diretamente da passagem acima citada. Ela está expressa nos seguintes termos:

> T7. Pois assim como [a mente] pensa [*cogitate*] em fogo, também pensa em ar, ou em qualquer outra coisa corpórea. Nem poderia acontecer, de qualquer modo, ela pensar que ela própria é da mesma maneira que pensa no que ela própria não é. Pois ela pensa nessas coisas – sejam elas fogo, ou ar, ou este ou aquele corpo, ou uma certa parte, ou combinação, ou harmonia do corpo – por meio de uma fantasia do imaginário [*per phantasiam imaginarium*]; tampouco é dito [pelos filósofos] que sejam todas essas coisas mas só uma delas. Mas se [a mente] não fosse qualquer delas mas apenas uma delas, essa única coisa seria pensada de um modo diferente de [aquele como se pensa] o resto. Quer dizer, não pensaria nisso por meio de uma ficção imaginária [*per imaginale figmentum*], como coisas ausentes através das quais entrou em contato com o sentido do corpo, mas pensaria a tal respeito instigada por uma espécie de presença interior, não simulada [*simulata*] mas real [pois não ha-

> veria nada mais presente para ela do que ela própria], exatamente como ela pensa viver, e recordar, e entender, e querer. E se nada acrescenta para si mesma dedicar pensamentos a essas (outras coisas), de modo a ver-se como se fosse alguma dessas coisas, então somente o que quer que remanesce é que pode ser visto como sendo próprio dela. (X.10.16)

O argumento que Agostinho apresenta aqui reflete a sua compreensão sobre como levamos as coisas ao conhecimento da mente. Embora ele não mencione aqui a possibilidade de pensar sobre algo que percebemos através dos sentidos, ele certamente supõe que o podemos fazer. De fato, no livro seguinte, o Livro XI de *Da Trindade*, santo Agostinho fala sobre como "a atenção da mente" pode fixar o sentido na coisa que vemos e manter juntos o sentido e a coisa que vemos (XI.2.2). Assim, posso olhar para uma árvore, uma montanha ou o mar, e pensar sobre o que estou vendo enquanto vejo. Também posso ouvir música e pensar sobre a música que estou ouvindo.

Imaginemos que começo a pensar sobre o que vi ou ouvi esta manhã, quando a árvore já deixou de me ser visível e a música audível. Nesse caso, presume Agostinho, posso pensar na árvore ou na música acolhendo as imagens que a memória colocou à minha disposição.

Suponhamos agora que alguém me diz algo acerca de uma árvore que eu nunca vi ou de uma peça musical que nunca ouvi. Nesse caso, pensa Agostinho, posso formar uma imagem mental baseada naquilo que me foi descrito, e talvez consiga dessa maneira pensar no que não vi nem ouvi. Assim, consideremos esta passagem:

> T8. A única razão pela qual eu podia entender o que o narrador estava dizendo era porque eu recordava genericamente as coisas individuais que ele descrevia. Por exemplo, aquele que me descreve uma montanha, que o desmatamento a despojou de sua floresta, substituída por extensos olivais, está falando a alguém que se lem-

> bra das formas das montanhas, de florestas e de oliveiras; se eu as tivesse esquecido, não saberia do que ele estava falando ... todo aquele que concebe coisas corpóreas, ou ele próprio forma uma imagem delas, ou ouve ou lê o que alguém relata sobre o passado ou prediz sobre o futuro, recorre à sua memória e encontra aí o modo e a medida de todas as formas que ele contempla em seus pensamentos. (XI.8.14)

Santo Agostinho pensa, sem dúvida, que existem limites para o que se pode imaginar com êxito. A pessoa deve ter armazenados em sua memória os componentes apropriados para formar uma imagem de seja o que for que ela imagina.[2] Mas na medida em que ela pode lembrar-se de ter tido experiências sensoriais dos tipos certos, sua mente pode formar imagens de coisas que ela nunca viu e músicas que nunca ouviu.

Para o projeto de levar à mente a idéia de fogo, eu necessitaria, presume Agostinho, ou de uma imagem mnêmica de ver labaredas, ou de uma imagem mnêmica resultante de ter visto uma pintura de algo em chamas. Pensar em ar requer também uma imagem mental, agora, talvez, a imagem de sensação de ar em nossa pele, ou talvez o som do ar saindo de um balão que se esvazia. Em qualquer caso, é seu ponto de vista que necessitamos de uma representação mental para lograr pensar em algo de natureza corpórea.

Ora, quando Agostinho diz em T7 que a mente pensa sobre si mesma sem a ajuda de uma fantasia imaginária, sua afirmação é de que a mente não necessita de imagem de espécie nenhuma para pensar-se a si mesma. Esse resultado, ele pensa, é uma conseqüência do fato de que nada está tão presente na mente quanto a própria mente. A mente está, em particular, presente em si mesma de modo imediato e máximo, sem a mediação de qualquer imagem.

Muito foi debatido recentemente, nos domínios da filosofia e da psicologia, sobre se realmente necessitamos de imagens mentais para pensar em coisas físicas na ausência destas. Através da influência de Wittgenstein e outros, muitos filósofos concluíram que ter imagens não é essencial para ter pensamentos, inclusive sobre objetos físicos. Apesar de tudo, alguns indivíduos relatam sinceramente que podem pensar sem problema em montanhas, casas e pessoas com absoluta ausência de imagens. Embora outros sustentem não poder realizar tal proeza, é óbvio que não precisamos saber se o nosso parceiro de conversação tem ou não uma imagem mental da vovó para ter a certeza de que podemos estar com a mesma pessoa em mente quando, como cogitamos, é a respeito da vovó que ambos falamos e pensamos.

A opinião corrente, de que ter imagens não é essencial para pensar em entidades físicas ou coisas físicas quando não as estamos realmente percebendo com os sentidos, rejeita uma suposição que remonta à filosofia antiga. Rejeitar essa suposição desvalorizará o argumento de Agostinho sobre a imaterialidade da mente? Penso que não. O papel das imagens mentais na explicação de Agostinho de como podemos pensar sobre uma coisa física na ausência dela é o papel das representações. Uma imagem mental, entretanto, é apenas uma espécie de representação mental, e não a única. Uma descrição é uma outra espécie de representação. Diríamos que a idéia mais geral a ser levada em conta, segundo Agostinho, é a de que não podemos ter uma coisa física em mente sem considerar alguma espécie de representação mental daquilo em que estivermos pensando. Esta seria, pois, a sua tese:

N. A mente não pode pensar sobre um objeto físico ou qualquer matéria física, exceto se tiver uma representação mental desse objeto ou produto.

Vejamos de novo a parte crucial da passagem T7:

> T7*. Mas se [a mente] não fosse qualquer delas mas apenas uma delas, essa única coisa seria pensada de um modo diferente de [aquele como se pensa] o resto. Quer dizer, não pensaria nisso por

> meio de uma ficção imaginária [*per imaginale figmentum*], como coisas ausentes através das quais entrou em contato com o sentido do corpo, mas pensaria a tal respeito instigada por uma espécie de presença interior, não simulada [*simulata*] mas real [pois não haveria nada mais presente para ela do que ela própria], exatamente como ela pensa viver, e recordar, e entender, e querer.

O que santo Agostinho realmente quer dizer quando afirma que "nada está mais presente na mente do que a sua própria presença"? No mínimo, parece significar que a mente está diretamente consciente de si mesma, sem qualquer intermediário, isto é, sem ter de representar-se para si mesma. Assim, não pensa sobre si mesma, diz ele, mediante uma ficção ou *simulacrum*. Ela pode estar direta e imediatamente cônscia de si mesma, como quando pensa a seu próprio respeito que vive, recorda, entende e quer.

O modo como a mente tem consciência de si mesma, nos diz Agostinho, é por sua "presença real" em si mesma. Nada é mais presente nela, sublinha ele, do que estar presente em si mesma. Uma vez que a mente está, de acordo com Agostinho, presente em si mesma no máximo grau, eu direi que, de acordo com ele, a mente está "totalmente presente" em si mesma.

Em que consiste exatamente o argumento em T7? Para tratarmos do que Agostinho pretende demonstrar nessa passagem, poderíamos começar por relembrar que os objetos que ocupam nossos pensamentos podem ser singulares ou gerais. Assim, eu posso pensar a respeito do meu próprio cavalo ou do meu próprio celeiro, ou posso pensar sobre um cavalo em geral ou um celeiro em geral, sem pensar acerca de qualquer cavalo ou celeiro em particular.

O exemplo do qual Agostinho se utiliza no Livro VIII de *Da Trindade* é o do apóstolo Paulo. Agostinho diz que amamos Paulo. Mas, pergunta ele, é a forma humana que acreditamos que ele tenha tido a que amamos? Não, responde, é antes a sua alma racional, ou mente [*animus*]. Segue-se então uma explicação de como podemos, cada um de nós, saber que existem almas racionais individuais, além da nossa própria. A explicação que Agostinho oferece é, que eu saiba, o primeiro enunciado do que passou a ser chamado "o argumento por analogia para outras mentes" (VIII.6.9).

No livro seguinte, o Livro IX de *Da Trindade*, santo Agostinho concentra sua atenção especificamente mais sobre a *mens*, mente, do que sobre *anima*, alma, ou mesmo sobre *animus*, alma racional. Traduzi *mens* como "a mente" mas, é claro, no latim de Agostinho não há artigos, definidos ou indefinidos. É certo, porém, que quando Agostinho fala sobre *mens*, "a mente", quer referir-se a determinadas mentes, singulares, por exemplo, à mente de são Paulo, à do leitor e à minha.

Assim, quando Agostinho discorre acerca do que a mente pensa ao pensar em si mesma, está se referindo ao que diz ser verdadeiro quanto ao modo como a minha mente e a mente do leitor pensam em si mesmas. A questão de como uma mente pode conhecer singulares é, está claro, um problema familiar em filosofia, especialmente, talvez, da filosofia da alta Idade Média. Não posso esboçar aqui, em linhas gerais, o que considero ser a descrição completa de Agostinho do nosso conhecimento de singulares. Direi apenas que, no caso do meu conhecimento de objetos físicos animados ou inanimados, como o meu único cavalo e o meu único celeiro, a descrição concederá um lugar de destaque às fantasias ou imagens mentais que possuo e à sua história causal.

Como a minha mente consegue pensar em si mesma em particular, em vez de, digamos, na mente de são Paulo ou na mente em geral? "Cada ser humano individual, atento ao que está ocorrendo em seu íntimo", escreve Agostinho em IX.6.9, "fala de um modo quando declara o que se passa em sua própria mente, mas assinala de um modo diferente os limites da mente humana, em geral, pelo conhecimento de sua espécie ou gênero." Assim, como a minha mente individual ou singular logra pensar em si mesma em particular? A resposta de Agostinho é, em termos claros, que a mente pensa em si mesma por estar, simplesmente, presente por inteiro para si mesma, ou seja, totalmente consciente de si mesma. Assim, temos agora esse argumento para o dualismo mente-corpo:

Argumento B

(1) Cada mente individual pode pensar em si mesma estando simplesmente presente por inteiro em si mesma, ou seja, estando plenamente consciente de si mesma.
Portanto:
(2) Cada mente individual pode estar inteiramente presente para si mesma, ou seja, plenamente cônscia de si mesma.
(3) Se cada mente individual fosse uma determinada massa de ar ou volume de fogo ou outra substância material, essa determinada massa ou volume de matéria poderia estar plenamente presente em si mesma, isto é, plenamente cônscia de si mesma.
(4) Nenhuma massa de ar ou volume de substância material pode estar plenamente presente em si mesma, isto é, plenamente cônscia de si mesma.
Portanto:
(5) Nenhuma mente individual é uma determinada massa de ar ou volume de substância material.

A linha (3) parece muito defensável, dada a linha (2). A linha (2) fala-nos sobre mentes individuais que podem estar, cada uma delas, plenamente cônscias de si mesmas. A linha (3) acrescenta, então, que, se cada mente individual fosse uma determinada massa de material, o que é verdadeiro para cada mente seria também verdadeiro acerca dessa massa de material. Parece não haver aqui problema algum de substituição de contextos intencionais ou opacos. A pretensão de identidade condicional parece ser uma pretensão de identidade extensional. De modo que não deve haver nenhum problema lógico com a inferência.

E a linha (4)? Se a minha mente fosse o meu cérebro, o meu cérebro estaria ciente de tudo o que minha mente tivesse consciência. Em tais circunstâncias, estaria o meu cérebro plenamente cônscio de si mesmo? Bem, ele não estaria ciente de sua estrutura molecular, por exemplo. Não precisaria estar ciente sequer de que é um cérebro. Assim (4) parece perfeitamente aceitável.

Concluo que este é um argumento muito bom. Também penso que a argumentação está baseada nos pressupostos que Agostinho formulou em *Da Trindade*. Não obstante, não acredito muito que esta argumentação seja encontrada em Agostinho. Em particular, a minha reconstrução não parece harmonizar-se muito bem com a passagem T7. Afinal, o assunto em T7 gira em torno do modo como a mente pensaria sobre essa espécie de material de um modo diferente do resto, se ela fosse uma dessas espécies de material que os filósofos materialistas disseram que ela é. O Argumento B não faz uso dessa idéia. Pelo contrário, de acordo com o Argumento B, se a mente fosse uma dessas espécies de material, *esse material pensaria sobre si mesmo de um modo diferente*. E isso não é o que Agostinho nos diz em T7. Assim, devemos tentar de novo.

Eis uma tentativa de ficarmos mais perto do texto de T7:

ARGUMENTO C

(1) Se a mente fosse feita de alguma espécie de substância física, então a mente, pelo simples fato de estar plenamente presente em si mesma, pensaria sobre a substância física de que é feita.
(2) A mente, pelo simples fato de estar plenamente presente em si mesma, não pensa em qualquer substância física.
Portanto:
(3) A mente não é feita de qualquer espécie de substância física.

Esta é a melhor maneira que posso pensar para incutir alguma lógica à sugestão de santo Agostinho de que, se a mente fosse feita de qualquer dos materiais sugeridos pelos vários filósofos materialistas, ela pensaria sobre esse material "de uma maneira diferente do resto" [*aliter id quam cetera cogitaret*]. Sua idéia parece ser que, ao pensar sobre si mesma, não por intermédio de uma imagem ou representação mental, mas simplesmente por estar presente ao máximo em si mesmo, a substância, se alguma, de que ela é feita teria de estar também presente. Uma vez que não há notícia da presença de tal substância na mente pelo simples fato de a mente estar presente em si mesma, conclui-se que ela não é feita de qualquer substância material.

Talvez o maior desafio à idéia de plena autopresença mental e, por conseguinte, ao raciocínio que tentei captar no Argumento C não provenha das teorias materialistas da mente mas da idéia da mente *inconsciente*. Nós, os pós-freudianos, ou pelo menos a sua maioria, estamos convencidos de que muitas de nossas crenças e muitos de nossos desejos não estão inteiramente presentes em nossas mentes. Afinal, podemos ter de passar por um processo tortuoso para chegar a reconhecer que albergamos processos e desejos malévolos em relação a pessoas que queremos que pensem em nós como criaturas afetuosas ou dignas de respeito.

Agostinho, penso eu, não concebeu que pudessem existir crenças ou desejos inconscientes. Para ele, parece óbvio que a mente está inteiramente disponível para as suas próprias auto-reflexões. A aceitação da idéia de uma mente parcialmente inconsciente resultaria em uma simples pormenorização do Argumento C?

Não penso assim. Podemos ressaltar que mesmo as crenças e os desejos inconscientes têm de estar, de acordo com a teoria freudiana, diretamente acessíveis, de um modo ou de outro, ao sujeito pensante. Eu posso, no começo, resistir ao pensamento de que quero matar o meu pai e casar com a minha mãe. Mas se é realmente verdade que tenho tais desejos, então devo ser capaz de reconhecê-los como meus, em vez de aceitá-los, como uma terceira pessoa poderia fazer, como a melhor explicação para o meu de outro modo inexplicável comportamento. Posso levar muitos anos de análise para chegar ao ponto de confessar esses sombrios desejos. Mas dizer que eles são verdadeiramente meus é dizer que, sob condições ideais de autocompreensão e sendo sincero, eu reconheceria que os tenho.

O filósofo materialista que me diz que a minha mente é feita de ar, fogo ou protoplasma, talvez seja capaz de me levar a aceitar uma argumentação que resulta em uma conclusão materialista a respeito do que a minha mente é feita. Mas o filósofo materialista será incapaz de me induzir a reconhecer, simplesmente pela presença plena da mente em si mesma, que a minha mente é feita de algum tipo especial de material. E, assim, o desafio freudiano à idéia de santo Agostinho da plena presença da mente em si mesma pode ser plausivelmente rejeitado.

Estou pronto para votar a favor do Argumento C como sendo a leitura mais plausível de T7 que encontrei e o mais persuasivo argumento de Agostinho para o dualismo mente-corpo. Porém, cumpre-me inserir aqui uma advertência. Mesmo que o Argumento C fosse inteiramente satisfatório a favor da imaterialidade da mente, ele não nos fornece, *per se*, razão alguma para se concluir que a mente pode existir separada e independentemente de qualquer corpo. Nesse aspecto, entre outros, a argumentação de Agostinho é muito diferente da de Descartes. Por tudo o que sabemos – pelo menos, por tudo o que sabemos em decorrência desse argumento –, cada mente precisa estar alojada em um corpo, talvez em um cérebro ou em alguma estrutura semelhante a um cérebro. Dado o próprio endosso por Agostinho da doutrina cristã da ressurreição do corpo, a idéia de que uma mente precisaria estar instalada em um corpo para viver e funcionar de um modo apropriado não implica necessariamente qualquer ameaça à crença na vida após a morte. Em todo o caso, tanto o Argumento C quanto o Argumento B não nos oferecem razão alguma para supor que a mente possa existir e funcionar com total autonomia. Mas talvez fosse assim que as coisas devessem ser. Ou seja, talvez Agostinho não quisesse que isso acontecesse de outro modo.

LEITURA ADICIONAL

RIST, John M. *Augustine: Ancient Thought Baptized*. Cambridge, Cambridge University Press, 1994, cap. 4 ("Soul, body and personal identity"). Este capítulo inclui uma elaborada pesquisa sobre o que Agostinho tem a dizer sobre mentes ou almas e corpos.

7.

O PROBLEMA DE OUTRAS MENTES

O grande tratado de Agostinho, *Da Trindade*, dedica-se não a provar que Deus é três-em-um, algo que Agostinho não acredita ser capaz de fazer de qualquer maneira, mas, antes, a dar à idéia uma estrutura lógica. Boa parte dos primeiros sete livros da obra tem o propósito de estabelecer que a doutrina está bem fundamentada na Sagrada Escritura. A maior parte dos últimos oito livros está dedicada a identificar e estudar trindades mentais ou psicológicas, tais como recordar, entender e querer, como analogias da Trindade Divina. Assim, argumenta Agostinho, (i) a mente a recordar algo, (ii) a mente a entender algo e (iii) a mente a querer algo são, cada uma delas, distintas das outras, mas todas são uma só substância, a saber, a mente.

No início do Livro IX encontramos esta impressionante passagem:

> T1. A mente não pode amar seu próprio eu sem se conhecer a si mesma. Pois como poderia amar o que não conhece? Se alguém diz que é através de um conhecimento do gênero ou da espécie que a mente acredita ser tal como o que a experiência lhe mostrou serem outras mentes, ele fala uma re-

> matada tolice. Pois em que base a mente conhece uma outra mente, se não se conhece a si mesma? Pois não é como o olho corporal que vê outros olhos e não se vê a si mesmo que a mente conhece outras mentes e não se conhece a si própria. (IX.3.3)

Pode parecer estranho chamar T1 de impressionante. Ela não suscita, justamente, o conhecido problema filosófico de outras mentes? Posso observar um certo número de cisnes em um lago e, notando que traços eles têm em comum, propor as características distintivas de um cisne. Posso eu, ou pode a minha mente, observar um certo número de outras mentes e, após observar que traços elas têm em comum, propor as características que distinguem uma mente? É claro que não. Seria absurdo afirmar isso. Parece que nem mesmo posso observar isoladamente uma outra mente, e muito menos um grupo delas, para determinar que qualidades têm em comum. A única mente que a minha mente pode observar é, segundo parece, ela própria. Eu não posso sequer observar, pelo menos não "diretamente", se qualquer outra pessoa *possui* uma mente! Mas esse problema não pertence à filosofia?

O problema de outras mentes é certamente um tema básico da filosofia moderna. Entretanto, isso não figura nos escritos de Platão ou Aristóteles, ou nas obras de qualquer dos outros grandes nomes da filosofia antiga. T1 do Livro IX de *Da Trindade*, e uma passagem similar no Livro VIII da mesma obra podem ser os primeiros lugares na filosofia ocidental onde o problema de outras mentes é abordado.

A passagem no Livro VIII é até mais explícita que T1, com exceção de que na passagem anterior Agostinho usa a palavra *animus* (alma racional) em vez da palavra *mens* (mente) para enunciar e tentar resolver o problema de outras mentes. Eu traduzirei *animus* no Livro VIII como "mente", mas assinalarei as ocorrências indicando também o termo latino. Farei em breve um comentário sobre a mudança terminológica.

Eis a primeira parte da passagem pertinente do Livro VIII:

T2. E, no que se refere à mente [*animus*], dizemos não inadequadamente, portanto, saber o que é uma mente [*animus*] porque também temos uma mente [*animus*]. Nunca a vimos com os nossos olhos nem formamos uma idéia genérica ou específica a seu respeito a partir de qualquer semelhança com outras mentes que tenhamos visto mas, antes, como dissemos, porque nós também temos uma mente [*animus*]. Pois o que é tão intimamente conhecido, e o que tanto se conhece a si mesmo, senão aquilo através do qual todas as outras coisas são igualmente conhecidas, ou seja, a própria mente [*animus*]. (VIII.6.9)

Por que Agostinho nos confunde usando aqui *animus* em vez de *mens*, embora mude para *mens* em todos os livros seguintes?

Isso me levou a especular que ele tenha iniciado com *animus* porque quer que comecemos a pensar na mente não como uma entidade a princípio empenhada em soberbas especulações, mas como o animador de um corpo humano. Conforme ele argumentará, eu acabo por reconhecer mentes nos outros quando enxergo uma analogia entre o modo como o meu próprio corpo se movimenta em resposta às minhas próprias crenças e desejos, e o modo como outros corpos humanos se movimentam. Como ele irá sublinhar, há também uma analogia entre os movimentos corporais de animais irracionais – cães, gatos, gado bovino, gado ovino – e os movimentos do meu próprio corpo. Mas essas ações não são o resultado de uma livre escolha racional. Os animais não-humanos são ativados por uma *anima*, mas não por um *animus*, uma alma racional. Ainda assim, a analogia prevalece, embora apenas de uma forma atenuada.

Ele passará a falar sobre *mens* quando se concentrar na autoconsciência. Mas, nesse momento, ele está pensando na mente como um animador racional de um corpo humano, um *animus*.

Eis o que se segue imediatamente à T2:

T3. Pois também reconhecemos, em virtude de uma semelhança conosco, os movimentos de corpos pelos quais percebemos que

> outros, além de nós, vivem. Mas assim como movimentamos o [nosso] corpo em vida, também advertimos que esses corpos se movimentam. Pois, quando um corpo vivo é movido, não existe um caminho aberto para que os nossos olhos vejam a mente [*animus*], uma coisa que não pode ser vista pelos nossos olhos. Mas percebemos algo presente nessa massa, tal como está presente em nós para movimentar a nossa massa de um modo semelhante: é a vida e a alma [*anima*]. Nem tal percepção é algo peculiar, por assim dizer, à prudência e razão humanas. Pois, de fato, animais irracionais não só se percebem a si próprios como seres vivos, mas também percebem cada um dos outros e uns aos outros, e a nós também. Tampouco eles vêem as nossas almas [*animas*], exceto pelos movimentos do corpo, e fazem isso imediatamente e de um modo muito simples por uma espécie de acordo natural. Portanto, conhecemos a mente de qualquer um pela nossa própria, e pelo nosso próprio caso acreditamos naquilo que não conhecemos [*ex nostro credimus, quem non novimus*]. Pois não só percebemos uma mente, mas até mesmo a quem ela pertence, tendo em conta a nossa própria, pois temos uma mente. (VIII.6.9)

Até onde sei, essas passagens juntas, T1, T2 e T3, constituem não só o primeiro enunciado do problema de outras mentes na filosofia ocidental; elas são também a primeira tentativa de solução do problema. A solução é o que em filosofia recente passou a ser chamado o "Argumento por Analogia com Outras Mentes".

É bom deixar claro desde o princípio que o problema de outras mentes é acerca de como cada um de nós pode chegar a saber que existe *uma outra* mente além da nossa. Assim, adota um ponto de partida egocêntrico, ou da primeira pessoa. Pretender que só eu existo, ou só minha mente e seu conteúdo, é ser um *solipsista* (*solus*, só, *ipse*, eu mesmo). Como noção filosófica, o solipsismo é pura loucura. A importância filosófica do solipsismo reside não no atrativo dos argumentos que os seus proponentes reuniram para o apoiar (nenhum argumento atraente foi oferecido até hoje), mas, antes, no desafio de encontrar argumentos que o rejeitem. Esse desafio é difícil de enfrentar.

Em todo o caso, Agostinho não está interessado em discutir o solipsismo. Ele supõe, sem oferecer quaisquer argumentos para sustentar sua suposição, que existe um mundo inteiramente independente dele. O que ele pensa que necessita apresentar é um argumento para a conclusão de que esse mundo inclui não só a sua própria mente, mas também outras mentes.

Assim, o Argumento por Analogia com Outras Mentes não é sobre a refutação do solipsismo; é sobre o fornecimento de alguma base racional para pensar, como todos nós fazemos, que o mundo que assumimos existe independentemente de nós e inclui não apenas mesas e cadeiras, montanhas e florestas, cães e vacas, mas também mentes além da nossa.

Existe um outro problema filosófico relacionado com as mentes que pode ser, mas não deveria ser confundido com o problema de outras mentes. Trata-se de um problema sobre que *classes* ou *espécies* de entidades têm, ou poderiam ter, outras mentes. Estão restritas apenas aos seres humanos? Ou outros primatas superiores, digamos, os chimpanzés e gorilas, também têm mentes? E os macacos? Ou cães? Ou lagartos? Ou amebas? E quanto aos computadores? O supercomputador Deep Blue derrotou Gary Kasparov no xadrez. Será o Deep Blue dotado de mente? Se o Deep Blue não possui, poderia algum supercomputador, ou robô, ainda a ser construído, ter uma mente? Filósofos têm discutido esse problema primariamente ou como o problema de *mentes animais*, ou como o problema de *mentes e máquinas*.

É interessante que Descartes, que nunca reconheceu o problema de outras mentes (voltarei a falar disso em breve), reconheceu o problema das mentes animais e também o problema das mentes e máquinas. Assim, não viu a necessidade de reconhecer a existência de um problema filosófico em torno de como ele poderia saber que havia uma outra mente além da sua. Mas viu a necessidade de reconhecer e tentar esclarecer a questão sobre se quaisquer animais não-humanos têm mentes e se certas máquinas poderiam ter mentes.

Em T3, santo Agostinho atribui a animais não-humanos uma espécie de reconhecimento instintivo de outras mentes e almas que lhes proporciona o que poderíamos chamar de "o equivalente funcional" do Argumento por Analogia. Não significa, segundo se pensa, que eles raciocinem a seu modo para chegar à conclusão de que existem outras mentes; o que na realidade ocorre, supõe Agostinho, é que eles reconhecem por uma espécie de "acordo natural" o que nós, seres humanos – ou, pelo menos, os mais propensos a filosofar entre nós –, podemos captar racionalmente na forma de um argumento para a conclusão de que existem outras mentes.

Essas considerações acerca de animais não-humanos que desenvolveram o equivalente funcional do Argumento por Analogia sublinha um outro aspecto do pensamento de Agostinho que cumpre enfatizar. Em vez de Descartes, Agostinho não considera meros autômatos os animais não-humanos. Atribui-lhes consciência, mas supõe que lhes falte o livre-arbítrio. Não são, portanto, seres genuinamente morais, de acordo com Agostinho, embora o comportamento deles imite com freqüência o comportamento genuinamente moral e o imoral de uma forma tão memorável que Agostinho gosta de usar exemplos animais quando compõe suas homilias, nas quais exorta seus ouvintes a adotar uma conduta moral. Eis um exemplo extraído de suas *Oitenta e três questões* 71.1:

> T4. Assim como algumas pessoas, zelosas por adquirir tal conhecimento, relatam a conduta dos cervos que, quando uma manada atravessa um curso de água em busca de pasto, os machos organizam-se de tal maneira que sustentam por turnos o peso de suas cabeças, que carregam os grossos chifres ramificados, e o fazem de tal maneira que cada cervo coloca sua cabeça esticada sobre o dorso do cervo à frente dele. E como forçosamente aquele que precede todos os outros não tem nenhum apoio à sua frente para repousar a cabeça, todos os cervos vão assumindo essa posição por turnos, de modo que o que precedia todos os outros, quando fati-

> gado pelo peso da cabeça, desloca-se para trás dos demais e o seu lugar é ocupado por aquele cuja cabeça ele sustentava quando se encontrava na dianteira. Assim, suportando o peso uns dos outros por turnos, eles transpunham a água sãos e salvos para terra firme. Salomão talvez tivesse esse costume dos cervos em mente quando disse: "Que o cervo da amizade converse convosco", pois nada prova [tanto] a amizade do que sustentar a carga de um amigo.[1]

Supõe santo Agostinho, como Thomas Nagel na sua memorável frase, que "existe algo com fortes possibilidades de ser um morcego"? Ou, no caso presente, existe algo que é provável que seja um cervo? Penso não poder haver dúvidas de que ele crê nisso. Ou seja, eu penso que Agostinho, tal como Nagel e quase todos nós, supõe que mamíferos e aves, e talvez ainda outros viventes, possuem uma experiência subjetiva, mesmo quando, no caso dos morcegos, o animal tem um aparelho sensorial tão diferente do nosso que o mundo fenomenal de um morcego pode estar além da nossa capacidade de imaginá-lo. Nagel faz desse "pode" um "deve". "Assim, se a extrapolação do nosso próprio caso está envolvida na idéia do que é que parece ser um morcego", escreve Nagel, "a extrapolação deve ser incompletável."[2]

Nagel generaliza essa conclusão. Afirma que "se existe vida consciente algures no universo, é provável que uma parte dela não seja descritível nem mesmo nos mais comuns termos empíricos de que dispomos". Ele acrescenta, então, um comentário que nos leva de volta a Agostinho e ao Argumento por Analogia. "O problema, entretanto, não está confinado a casos exóticos", ele escreve, "porquanto existe entre uma pessoa e uma outra. O caráter subjetivo da experiência de uma pessoa surda e cega de nascença não me é acessível, por exemplo, nem presumivelmente será a minha para ela. Isso não impede que cada um de nós acredite que a experiência do outro tenha um caráter notoriamente subjetivo."[3]

O Argumento por Analogia em Agostinho é um argumento para a conclusão de que existem almas racionais, ou mentes, que pertencem a outros organismos racionais, ou seja, a outros animais humanos. Além disso, existem almas, embora não sejam racionais, em certos organismos irracionais, ou seja, em certos animais não-humanos. O argumento não requer que cheguemos à nossa conclusão sobre outras mentes e almas, acumulando justificações para a suposição de que existem atos ou estados especificamente identificáveis nessas outras mentes e almas que são semelhantes a atos e estados que podemos identificar em nossa própria mente e alma. De fato, isso parece compatível com um considerável agnosticismo a respeito do qual é, na realidade, a exata experiência subjetiva de, digamos, um morcego, ou mesmo um cão ou uma pessoa humana, que sejam surdos e cegos de nascença.

Na realidade, Agostinho expressa tal ceticismo, por exemplo, logo em um de seus primeiros diálogos em *Contra os acadêmicos*:

> T5 "Em vez disso, preferia que me dissesse se as folhas da oliveira-brava, que a cabra tanto aprecia, são amargas por si mesmas."
>
> "Ó homem presunçoso! A própria cabra tem mais modéstia! Ignoro como essas folhas serão para os animais, mas são bem amargas para mim." (III.11.26)

Embora santo Agostinho expresse agnosticismo sobre que espécie de sabor, se azedo, amargo ou agridoce, as folhas da oliveira-brava têm para a cabra, ele não duvida de que algum gosto elas devam ter, de que existe algo que faz com que a cabra goste de saborear as folhas de uma oliveira-brava.

Afirmei que a conclusão de Agostinho acerca de outras mentes é compatível com o "considerável agnosticismo" sobre o qual possa ser a experiência subjetiva de uma outra criatura dotada de mente. Mas, com certeza, alguém pode insistir apropriadamente: *não completo agnosticismo*. Podemos ficar muito intrigados ao ver como um cão é capaz de caminhar grandes distâncias com uma pata quebrada, como se não sentisse dor. Mas certamente os insistentes latidos de um cão ferido contribuem de modo essencial para a nossa convicção de que o animal realmente sente dor e, por conseguinte, tem um mundo fenomenal e não é, como nos diz Descartes, um mero autômato. Assim, mesmo que o argumento, conforme enunciado por Agostinho, seja demasiado genérico para poder mencionar estados e episódios mentais específicos que se correlacionam com a atividade corporal, quem quiser considerar seriamente o argumento terá de assentar sua plausibilidade em algumas dessas correlações um tanto específicas.

Neste ponto, sinto-me com vontade de dizer algo que pode impressionar o leitor como sendo sumamente paradoxal. Agostinho certamente diz, de fato o faz na própria passagem que citei perto do começo, que eu aprendo o que é uma mente em decorrência do meu próprio caso. Quero explorar por um momento por que razão ele diz isso e com que intenção o diz. Ao mesmo tempo, ele não diz, nem, penso eu, teve a intenção de dizer, que eu aprendo o que é uma dor identificando dores em mim mesmo. E a razão é que tal aprendizagem, caso ocorresse, teria de ser aprendizagem mediante uma espécie de ostensão privada, e santo Agostinho é tão insistente quanto Wittgenstein em afirmar que a ostensão é, *per se*, inadequada para a aprendizagem. (Isso é algo que já discutimos no Capítulo 4).

Wittgenstein é sobejamente conhecido, é claro, por ser cético acerca da eficácia da aprendizagem meramente por ostensão, seja ela "interna" ou "externa". Eis uma passagem famosa que ilustra esse ponto:

> T6. A definição do número dois "Isto se chama 'dois'" – enquanto se mostram duas nozes – é perfeitamente exata. Mas, como se pode definir o dois assim? A pessoa a quem se dá a definição não sabe ao que se quer chamar "dois"; suporá que você chama "dois" a *esse* grupo de nozes! *Pode supor* tal coisa; mas talvez não o suponha. Poderia também, se eu quiser atribuir a esse grupo de nozes um nome, confundi-lo com um nome para número. E do mesmo modo, quando elucido ostensivamente um nome próprio, poderia confundi-lo com o nome de uma cor, a designação de uma raça, até

com o nome de um ponto cardeal. Quer dizer: a definição ostensiva pode ser diversamente interpretada em *cada* caso.[4]

Como se viu, Agostinho é igualmente cético sobre a eficácia da aprendizagem ostensiva. Sem dúvida, o melhor lugar para buscar provas que evidenciam o ceticismo de Agostinho a respeito da aprendizagem ostensiva, ou seja, a aprendizagem apontando ou exibindo exemplos ao aprendiz, é um dos seus mais antigos diálogos, *Do Mestre*, que discutimos no Capítulo 4. Eis a passagem onde Agostinho indaga se é possível demonstrar pelo exemplo o que significa a palavra "caminhar", quando a pessoa já caminha:

> T7. Agostinho: Vamos, dize-me: se eu não conhecesse o valor da palavra e te perguntasse, enquanto caminhas, o que é caminhar, de que modo me ensinarias a fazer isso?
>
> Adeodatus: Realizaria a mesma ação, ou seja, caminharia, mas um pouco mais depressa, para que alguma novidade [em meu comportamento] suscitasse a tua atenção; e, no entanto, não teria feito coisa diversa da que te deveria ser mostrada.
>
> Agostinho: Não sabes tu que uma coisa é *caminhar* e outra é estugar o passo para andar mais depressa? Pois quem caminha nem por isso anda depressa: tanto mais que podemos achar pressa na maneira de ler, de escrever e em muitas outras coisas. (III.6)

Adeodatus retorna mais adiante a esse exemplo do caminhar:

> T8. Adeodatus: Por exemplo: se a mim, que parei de caminhar por estar repousando ou fazendo alguma outra coisa, alguém perguntasse o que é caminhar e eu, começando imediatamente a andar, procurasse ensinar-lhe ou demonstrar-lhe isso sem esboçar o menor sinal, como poderia evitar que ele acreditasse que caminhar significa andar apenas a meia dúzia de passos que ele me viu dar? É claro que estará enganado se pensar isso, pois julgará que não caminhou, em absoluto, quem tiver andado mais ou menos passos que eu. (X.29)

Como vimos no Capítulo 4, santo Agostinho passa depois para os exemplos de caçar pássaros. Pergunta a Adeodatus se alguém pode ser ensinado a caçar pássaros demonstrando sua prática. Adeodatus está cético. "Tenho a impressão de que o caso é semelhante ao daquele homem de que já falei e perguntou o que é caminhar." Agostinho procura tranqüilizá-lo: "É fácil livrar-se dessa impressão", ele respondeu.

> T9. Eu acrescento: se esse espectador for tão inteligente que compreenda por completo toda a arte de caçar só pelo que viu, isso já seria o bastante para demonstrar, sem mais, que alguns homens podem ser instruídos sobre algumas coisas, se bem que não todas, sem recorrer a um único sinal. (X.32)

Eu devia explicar que a discussão sobre se uma pessoa pode ensinar a outra o que é caminhar, ou o que é caçar pássaros, "sem um sinal", é primordialmente uma discussão sobre o que pode ser feito sem usar palavras, ou seja, apontando simplesmente exemplos ou demonstrando uma atividade ou prática. Depois, em *Do Mestre*, Agostinho discute que não existe realmente ensino através de sinais, ou seja, não existe ensino ostensivo do significado de palavras mediante o uso de sinais. Uma pessoa tem de aprender por si mesma, consultando o seu "professor interior". Essa é a chamada "Doutrina de Iluminação" em Agostinho, a qual pressupõe que as idéias estilo platônico estão imediatamente disponíveis para cada um de nós. A ostensão ou discussão em linguagem pode incitar-nos a consultar o "professor interior" e a localizar *caminhar* ou *caçar pássaros* ou como idéias platônicas ou como complexos formados de idéias platônicas.

Na realidade, não é muito exato dizer que a Doutrina de Iluminação de Agostinho ou sua idéia de "o professor interior" sejam platônicas, uma vez que o próprio Agostinho tentou distinguir seus pontos de vista dos de Platão. No Livro XII de *Da Trindade*, após fazer referência à história que Platão conta em seu diálogo *Mênon*, na qual um moço escravo é capaz de calcular por si mesmo como construir um quadrado com uma área que é o dobro da de um dado quadrado. Agostinho narra o episódio com, penso eu, um toque de humor:

> T10. Entretanto, se isso fosse uma recordação de coisas previamente feitas, então certamente todos, ou quase todos, seriam incapazes de fazer a mesma coisa se interrogados daquela maneira. Pois nem todos foram geômetras em suas vidas pregressas, sendo hoje tão raros os existentes na raça humana, a ponto de dificilmente se conseguir encontrar algum. (XII.15-24)

Agostinho prossegue, agora em um tom mais sério:

> T11. Mas devíamos, antes, acreditar que a natureza da mente intelectual é formada de maneira a permitir ver aquelas coisas que, de acordo com a disposição do Criador, estão ajuntadas às coisas inteligíveis na ordem natural, numa espécie de luz incorpórea *sui generis*, tal como o olho carnal vê as coisas à sua volta nesta luz corpórea, de cuja luz ele é feito para ser receptivo e à qual está adaptado. (XII.15.24)

Santo Agostinho continua, então, para dizer que as coisas sensíveis, incluindo presumivelmente cores ou ações corporais, como caminhar ou caçar pássaros, devem ser observadas com os nossos sentidos, se bem que, como vimos, ele pense que seremos incapazes de distinguir o que é uma cor, ou o que é caminhar ou caçar pássaros, sem a iluminação do "professor interior".

Com essas opiniões sobre a ineficácia do ensino e aprendizagem ostensivos, seria incongruente para Agostinho admitir que podemos aprender o que é uma dor, ou o que é ansiedade, ou o que é pensar sobre Viena (o exemplo clássico de Agostinho é meditar sobre Alexandria, uma cidade a cujo respeito ele parece ter dado asas à fantasia, embora nunca a tenha visitado) por uma espécie de ostensão interior. Por certo, Agostinho, tal como

Wittgenstein, não expressa preocupações sobre o que seria a diferença entre obter uma re-identificação de uma dor própria e só aparentemente o fazer. Mas ele já tem suficientes preocupações a respeito da eficácia da aprendizagem ostensiva, o que o faz considerar inadequado ter de pensar ainda se é possível ensinar a alguém o que é a dor.

Assim, não seria de se esperar que Agostinho desenvolvesse um argumento conclusivo para outras mentes (deve existir dor, ansiedade, desejo, pensamentos sobre Alexandria etc. naquele corpo ali; logo, ele possui uma mente). E, de fato, não encontramos isso. Na verdade, trata-se de um argumento "pronto e acabado" – desde um repertório completo de movimentos corporais que se assemelham aos movimentos em meu corpo que noto serem provocados por minha mente, até à conclusão de que deve existir uma mente naquele outro corpo que produz esse repertório de movimentos. Esse argumento é, penso eu, inteiramente compatível com o considerável agnosticismo acerca do caráter fenomenal da vida interior do outro organismo, agnosticismo sobre o que realmente parece ser aquele morcego ou outro ser humano.

Entretanto, o argumento depende do pressuposto de que posso saber o que é uma mente a partir do meu próprio caso. E Agostinho insiste nesse pressuposto: "Podemos também saber o que é uma mente (*animus*) considerando a nossa própria", ele escreve, "visto que possuímos uma mente." (*Da Trindade*, VIII.6.9) Isso é claramente argumentar com base em um caso pessoal, ainda que não se trate de argumentar a partir de atos ou estados mentais específicos para atribuição a um outro do mesmo – ou do mesmo tipo de – ato ou estado mental. Por que é Agostinho tão cético a respeito da minha capacidade para distinguir a minha própria mente?

A resposta é, como vastas seções de *Da Trindade* tentam nos impressionar, que a mente é por natureza uma entidade que está imediatamente presente para si mesma. De fato, Agostinho está intrigado sobre o que poderia ser extraído *dela*. Na linguagem de

Nagel, se existe algo que tem a probabilidade de ser a espécie de entidade que eu sou, então eu não posso deixar de saber o que é. As atividades e passividades de minha mente constituem o que é provável ser a espécie de coisa que eu sou. Meus pensamentos, meus sentimentos, meus sonhos e devaneios, meus desejos e temores – tudo isso ajuda a compor o que é provável que seja a minha espécie de coisa.

Como observamos no capítulo anterior, santo Agostinho procura destacar a disponibilidade imediata da mente para si mesma, procurando entender a clássica advertência grega "Conhece-te a ti mesmo!":

> T12. Como pode minha mente entrar em minha mente, como se fosse possível à minha mente não estar em minha mente? Some-se a isso que se uma parte foi encontrada, nesse caso a mente não teria de ser explorada como um todo mas, não obstante, é isso o que ocorre. Por conseguinte, ela está presente num todo e não há mais nada a ser buscado ou explorado nela. Pois nada está faltando à mente que busca, salvo o objeto que é procurado. Uma vez, portanto, que a mente se busca como um todo, nada de si mesmo lhe está faltando. (*Da Trindade*, X.4.6)

Agostinho conclui que o comando "Conhece-te a ti mesmo!" não deve ser uma admoestação dirigida à mente para que busque algo de si mesma que ainda não conhece, não havendo tal coisa. Pelo contrário, diz ele, essa admoestação deve ser ordem endereçada à alma para "considerar-se e viver de acordo com sua natureza, a saber, sob Ele [isto é, Deus], a quem deve estar sujeito". E acrescenta que "a mente faz muitas coisas, movida por desejos perversos, como se tivesse se esquecido de si mesma" (X.5.7). Agostinho concebe esse esquecimento como uma espécie de "desvio" da verdadeira natureza da mente, mas não uma real ignorância do que ela é.

O que poderia dizer um crítico wittgensteiniano ao argumento que reconstruí a partir de Agostinho? Estou inclinado a prever as linhas de ataque. Primeiro, esperaria que o crítico dissesse que a vaga referência a rotinas de comportamento ou, mais salutarmente, rotinas de movimento, não podem ser persuasivas. Precisamos atribuir dor ao morcego que se contorce, ou pensar que a bola está atrás do divã para a criança pequena que está brincando de esconde-esconde, a fim de conferir algum poder de persuasão ao Argumento por Analogia.

Eu mesmo me sinto dividido sobre essa questão. Por um lado, a nossa confiança em que a vítima de AVC ou um paciente de Alzheimer possuem uma mente parece, de fato, depender em certa medida de rotinas identificáveis de comportamento. Mas, por outro lado, penso não fazer absolutamente nenhuma idéia do que é *ser* vítima de um AVC ou *ser* um paciente que sofre da doença de Alzheimer. Contudo, o meu agnosticismo sobre o que é ser um paciente de Alzheimer não abala, em absoluto, a minha confiança em que *há* algo que faz a pessoa ser tal como é – que os pacientes de Alzheimer possuem mentes. E o mesmo vale para os morcegos.

A outra coisa que eu esperaria que um crítico wittgensteiniano dissesse é que é um equívoco supor que atribuímos uma mente a um outro ser na base de um argumento. Essa resposta encontra apoio no famoso dito de Wittgenstein nas *Investigações filosóficas*:

> T13. Minha atitude em relação a ele é uma atitude com relação à alma. Não sou de opinião de que ele tenha uma alma.[5]

Se entendo bem este dito sombrio, ele sugere que eu argumento menos para chegar à conclusão de que x tem uma alma do que para desenvolver uma atitude de empatia, ressentimento, interesse ou seja o que for em relação a uma outra alma.

Eu mesmo me sinto também um tanto ambivalente em relação a essa resposta. Quando me tornei vegetariano, mudei muito menos as minhas opiniões sobre bois e frangos do que as minhas atitudes em relação a eles. Entretanto, não é como se o raciocínio não desempenhasse papel algum. Assim, era importante para mim apresentar provas de que todas as aves e todos os mamíferos sonham. Não há provas semelhantes, segundo entendo, para a atividade onírica em anfíbios, peixes ou animais inferiores. Ponderei que qualquer organismo que sonha tem muito provavelmente alguma espécie de experiência subjetiva, talvez não totalmente diferente da minha. Refletindo sobre isso, vi-me não querendo comer animais sonhantes. Os argumentos racionais afetaram minhas atitudes.

Não há então nada como ser uma rã, ou uma lagosta, visto que, segundo parece, elas não sonham (ou, mais cautelosamente, visto que não dispomos de uma razão semelhante para pensar que sonham)? Não sei. Mas essa me parece ser uma questão que pode ser discutida. É razoável, penso eu, ter uma opinião formada a esse respeito. E o importante para formar tal opinião não é, penso eu, só a neurofisiologia de tais organismos, mas também os padrões de comportamento que possam oferecer analogias com padrões em animais superiores.

Em algumas passagens, Wittgenstein parece apoiar a busca de analogias para sustentar a atribuição de "alma" a outras criaturas. Assim, ele nos diz que "somente de um ser humano vivo, ou do que lhe seja semelhante (se comporte de modo semelhante) se pode dizer que ele tem sensações; vê; é cego; ouve; é surdo; é consciente ou inconsciente" (281). E alguns parágrafos adiante: "Somente daquilo que se comporta como um ser humano, pode-se dizer que tem *dores*." (283) E ainda: "Dizemos apenas que o ser humano, e o que a ele se assemelha, pensa." (360)

Duas coisas me chamam a atenção como especialmente importantes nessas duas últimas observações de Wittgenstein. Em primeiro lugar, a sua idéia de supor que só quem é *semelhante* a um ser humano pensa e só quem se *comporta* como um tem dores, deixa claro que Wittgenstein está usando algum pensamento analógico de sua própria lavra. A segunda coisa é a seguinte: na primeira citação, ele diz que só do que se comporta como um ser humano se *pode* dizer que tem dores. Ele poderia contentar-se com uma observação psicológica ou social e assinalar que somente de tais seres *estamos inclinados a dizer* que têm dores. Mas ao afirmar que só de tais seres *podemos* dizer que têm dores, ele parece estar introduzindo uma questão sobre que é legítimo dizer, ou o que se poderia estar justificado para afirmar. E isso parece significar que a analogia percebida em que ele está insistindo é não só meramente eficaz em nos induzir a falar com empatia sobre essas criaturas, mas também é a base requerida para a *legítima* atribuição de dor ou de outros estados ou atos mentais a esses seres. E isso me parece estar tão perto do Argumento por Analogia com Outras Mentes, enunciado em termos muito gerais por Agostinho, que eu não me sinto mais confiante em continuar opinando que Wittgenstein deveria ser encarado como um crítico desse argumento geral.

De fato, Wittgenstein aproxima-se inclusive um pouco mais, como nesta passagem a seguir:

> T14. Olhe uma pedra e imagine que ela tem sensações. – Alguém dirá para si mesmo: Como se pode sequer ter a idéia de atribuir uma *sensação* a uma *coisa*? Seria possível da mesma forma atribuí-la a um número! – E agora olhe para uma mosca irrequieta: essas dificuldades dissipam-se logo e a dor parece lançar aí raízes (*der Schmerz scheint hier angreifen zu können*)...[6]

Cumpre reconhecer que Wittgenstein não explica por que os movimentos irrequietos da mosca permitem que uma sensação ganhe raízes, ou o que mais seria requerido para dar a tal atribuição uma base sólida. Mas ele nos convidou a pensar sobre a questão, ainda que de um modo um tanto tímido. Seria natural responder à questão com alguma forma do Argumento por Analogia com Outras Mentes.

Assim, insistimos, qual é a suposta objeção de Wittgenstein ao Argumento por Analogia com Outras Mentes? Será tão-somente a rejeição da idéia de que uma pessoa, a partir do seu próprio caso e mediante introspecção "privada", teria a possibilidade de saber o que é uma dor, ou o que é o sentimento de ansiedade, e então, na base de semelhanças no comportamento de outros corpos, atribuir *esse mesmo sentimento* a um outro organismo? Se assim for, talvez não haja tanto a separar Agostinho de Wittgenstein quanto inicialmente pensamos. Como vimos, santo Agostinho, à sua maneira, era tão cético sobre a eficácia da aprendizagem ostensiva quanto Wittgenstein. Mas ao passo que Agostinho responde a esse ceticismo com um parente próximo do inatismo platônico, Wittgenstein responde com um recurso a "critérios externos" e, de um modo geral, a jogos de linguagem e a formas de vida, para a atribuição de "episódios internos".

Leitura adicional

MATTHEWS, Gareth B. "Descartes and the problem of other minds", in Amelie O. Rorty (org.), *Essays on Descartes' Meditations*. Berkeley, University of California Press, 1986. Neste ensaio, eu reflito sobre a ausência de um argumento para outras mentes em Descartes.

8.

Problemas do Sonho Filosófico

Aquele que faz filosofia de um ponto de vista da primeira pessoa, como é o caso de santo Agostinho, pode ter de enfrentar um ou mais de três diferentes problemas oníricos. Ao primeiro chamo de *Problema do Sonho Epistemológico*: como sei que não estou sonhando *agora*? Ao segundo chamo de *Problema do Sonho Metafísico*: como sei se toda a vida é ou não um sonho? E ao terceiro chamo de *Problema do Sonho Moral*: posso ser imoral por fazer algo imoral em meu sonho?

O Problema do Sonho Epistemológico

Dos três problemas oníricos, o Problema do Sonho Epistemológico parece ser o que tem tido a mais longa história. É debatido no diálogo *Teeteto*, de Platão, em 158 a.C.:

> Sócrates: Há uma pergunta que deves ter ouvido freqüentemente as pessoas fazerem – a pergunta sobre que provas poderíamos oferecer se nos for indagado se, no presente exemplo, neste preciso momento, estamos adormecidos e sonhando todos os nossos pensamentos, ou despertos e conversando um com o outro na vida real.

TEETETO: Sim, Sócrates, é certamente difícil encontrar a prova que queremos aqui. Os dois estados parecem corresponder em todas as suas características. Nada nos impede de pensar, quando adormecidos, que estamos tendo a mesmíssima discussão que acabáramos de ter em estado vígil. E quando sonhamos que estamos a contar a história de um sonho, há uma extraordinária semelhança entre as duas experiências.[1]

Platão fez Sócrates formular essa pergunta como parte do seu exame da sugestão de que conhecimento é percepção. Em sua consideração da pergunta, ele prossegue dizendo que, como os nossos períodos oníricos são iguais em extensão aos nossos períodos despertos, não temos uma boa razão para atribuir um peso especial às crenças de nossos períodos despertos. Mas sublinhar esse ponto já nos afasta do puro Problema do Sonho Epistemológico e pressupõe dispormos de uma boa posição a partir da qual podemos observar tanto as nossas vidas oníricas recordadas quanto as nossas vidas despertas recordadas, plenamente confiantes em que, ao ver essas duas vidas, não estamos tendo um sonho.

Assim, embora Platão proponha o Problema do Sonho Epistemológico, a verdade é que não o toma muito a sério. Pressupondo que os julgamentos formados em sonhos são epistemologicamente suspeitos (o que é, penso eu, uma suposição plausível), o que Platão não considerou seriamente foi que o Problema do Sonho Epistemológico poderia abalar todos os seus julgamentos. Assim, se para nenhum *agora* posso saber se estou *agora* sonhando, então todo o julgamento que faço é suspeito de ser ilusório.

Aristóteles parece ter visto mais claramente a ameaça do Problema do Sonho Epistemológico. Ele escreve na *Metafísica* 4, 1011a3-13:

Alguns ... estão perplexos porque querem saber quem julgará quem é sadio, e em geral sobre cada assunto [quem vai dizer] quem o

> julgará corretamente. Tais perplexidades são semelhantes à intricada pergunta: "Estamos agora adormecidos ou despertos?" e todas elas têm a mesma força. Pois aqueles que a fazem solicitam um argumento para tudo, pois buscam um princípio e desejam obtê-lo através de demonstração... o problema está justamente nisso, como já dissemos: pois eles buscam um argumento para algo para o qual não existe argumento, pois um princípio de demonstração não é uma demonstração.[2]

A postura de Aristóteles acerca de princípios da demonstração parece ser esta. Vamos supor que temos este simples argumento *modus ponens*:

(1) Koko é um primata.
(2) Se Koko é um primata, então Koko é um mamífero. Portanto,
(3) Koko é um mamífero.

Suponhamos que alguém pergunta o que é que faz (3) ser inferido de (1) e (2). Poderíamos responder que é inferido pelo *princípio de modus ponens*. Mas, é claro, não provamos *modus ponens* pelo nosso argumento de (1) e (2) para (3). Recorremos a essa lei da lógica para provar (3) a partir de (1) e (2). Poderíamos tentar provar *modus ponens* recorrendo a alguma outra lei da lógica. Mas estaríamos agora, provavelmente, no caminho de um indefinido retrocesso, uma vez que outro "princípio de demonstração" tampouco teria sido provado.

Aristóteles parece pensar que algo semelhante é verdadeiro a respeito do Problema do Sonho Epistemológico. Suponha-se que peço um sinal confiável de que estou agora desperto, antes de me considerar justificado em aceitar algum juízo que estou emitindo. O sinal poderia ser, digamos, a argúcia e a coerência da minha experiência. E suponha-se que eu tenho a experiência de emitir algum juízo e verificar se ele é arguto e coerente. O cético pode perguntar como é que eu sei se não estou apenas sonhando que estou a verificar a argúcia e coerência de meu juízo. Ao que parece, eu necessitaria de um sinal de que a minha aplicação do teste de argúcia-e-coerência não era ela própria um sonho. E assim, uma vez mais, estaríamos lançados em um indefinido retrocesso. A resposta de Aristóteles ao Problema do Sonho Epistemológico é ignorá-lo, com a alegação de que, se não era possível encontrar uma solução satisfatória para ele, é porque estava equacionado em termos equivocados.

Ao contrário de Platão, Agostinho encarou seriamente a ameaça do Problema do Sonho Epistemológico. E, ao contrário de Aristóteles, não optou deliberadamente por ignorá-lo. Em vez disso, ele procura limitar o dano que ameaça causar. Como vimos no Capítulo 5, o *cogito* agostiniano propõe-se mostrar que eu posso saber certas coisas, esteja eu sonhando ou não. Assim, sonhando ou não, argumenta ele, eu posso saber que existo, que sei que existo, e que estou satisfeito por existir e saber que existo. Eis um trecho de *Da Trindade* em que a afirmação de conhecimento não é "Eu sei que existo", mas "Eu sei que estou vivo":

> T1. É um conhecimento interior pelo qual sabemos que vivemos, em que nem mesmo o acadêmico pode dizer: "Talvez estejamos dormindo, e você não sabe, e está vendo em sonhos." Pois quem não sabe que coisas vistas por aqueles que estão dormindo são muito semelhantes às coisas vistas por quem está acordado? Mas aquele que está seguro a respeito do conhecimento que possui de sua própria vida não diz "eu sei que estou desperto", mas "eu sei que estou vivo"; se ele, portanto, dorme ou está desperto, ele vive. Não pode ser enganado em seu conhecimento desse fato nem mesmo por sonhos. (XV.12.21)

A resposta de santo Agostinho ao Problema do Sonho Epistemológico é algo a que podemos chamar de "a Resposta da Ilusão". A idéia implícita na resposta da ilusão é esta. Em nossa vida desperta, assim como quando sonhamos, quando estamos ébrios e quando estamos loucos, o que percebemos, ou achamos que percebemos, pode ser apenas uma ilusão.

Entretanto, mesmo quando estamos sob uma ilusão e não nos apercebemos de que estamos sob uma ilusão, podem haver algumas coisas que conhecemos porque nos parecem ser daquela maneira e não podemos estar errados a seu respeito. Assim, podemos saber que existimos, que estamos vivos e que 2 + 2 = 4, até mesmo se estamos sonhando. As ilusões de sonhos podem ser mais extensas do que, por exemplo, a ilusão de que linhas paralelas se encontram no horizonte. Mas sua extensão não altera o seu caráter como ilusões, nem anula a possibilidade de existirem algumas coisas que conhecemos, independentemente de estarmos sonhando ou acordados.

Em um de seus primeiros escritos, *Sobre a imortalidade da alma* (387), Agostinho oferece a mais completa descrição do que estou chamando a "Resposta da Ilusão" ao Problema do Sonho Epistemológico:

> T2. Se, por exemplo, a alguém durante um sonho lhe pareceu estar envolvido numa discussão e, empenhado em aprofundar princípios verdadeiros, algo aprendeu nessa discussão, então esses princípios verdadeiros também se conservam os mesmos e imutáveis após seu despertar. Entretanto, outras circunstâncias expostas no sonho podem ser consideradas inverídicas, tais como o local da discussão, ou as pessoas com quem ele parecia ter a discussão, e – no que se refere ao som – até as palavras aparentemente usadas na discussão, e outras coisas desse gênero, tal como serão percebidas, ou realizadas, através dos sentidos das pessoas despertas. Entretanto, essas coisas passam e não atingem o nível de presença duradoura de princípios verdadeiros. Donde se pode concluir que, através de uma mudança corporal, como o sono, o uso da alma do mesmo corpo pode ser reduzido, mas não a vida própria da alma. (XIV.23)

Assim como na vida desperta, o juízo ou discernimento de uma pessoa pode ser enfraquecido e deteriorado. Isso também pode ocorrer no sono sem que a pessoa se aperceba. Eu posso pensar que estou em Cartago quando não estou. Posso pensar que estou falando com minha mãe, quando não estou. No entanto, há coisas que eu posso saber mesmo em um sonho. Por exemplo, posso saber que existo e que o todo é maior que qualquer parte do mesmo. Posso saber essas coisas se me parecem ser casos comprovados e não posso estar enganado ao pensar nelas. Por fim, serei capaz de reconhecer as ilusões pelo que elas são. O conhecimento subsistirá.

O Problema do Sonho Metafísico

O Problema do Sonho Metafísico é, de fato, o desafio do solipsismo. Se toda a minha vida fosse um sonho meu, então as únicas coisas existentes seriam eu e o conteúdo do meu sonho, ou seja, meus pensamentos e experiências.

Nenhum filósofo importante jamais *afirmou* ser um solipsista. Qual seria a vantagem de fazer tal afirmação? E a quem seria dirigida? A única razão para considerar seriamente o problema do sonho metafísico consiste em perguntar se tenho ou não uma justificação racional para acreditar que existe um mundo independente de mim, de meus pensamentos e experiências.

Descartes encarou este problema muito a sério. Ao provar, para sua satisfação, que Deus existe e é perfeitamente bom, Descartes argumenta, na *Meditação* 6, que deve existir um mundo físico, mais ou menos semelhante à representação que fazemos dele. Se não houvesse, sustenta ele, não haveria como libertar-se ele próprio da grande ilusão que seria a existência de tal mundo. E Deus seria então um grande enganador ao consentir que ele sofra sob essa ilusão. Além disso, ele pensa ter provado que Deus não é enganador.

Seria possível que Agostinho enfrentasse o Problema do Sonho Metafísico no Livro III do seu *Contra os acadêmicos*. Indagado se sabe que o mundo existe, ele sugere que se tome em consideração tudo quanto lhe pareça ser "o mundo". Mesmo que ignore a existência de um mundo físico independente, ele sabe que existe o que ele chama "o mundo," isto é, o mundo de seus próprios pensamentos e impressões, o seu mundo fenomenal. Essa postura prepara o terreno para abordar o Problema do Sonho Metafísico. Mas santo Agostinho nunca discute o problema. Como sublinhei no Capítulo 3, nunca o encontramos combatendo o "Problema do Mundo Externo".

O Problema do Sonho Moral

Platão foi talvez o primeiro filósofo a indagar a respeito da moralidade do que fazemos em nossos sonhos. No Livro IX da *República*, Platão põe as seguintes palavras na boca de Sócrates:

> Alguns dos nossos desnecessários prazeres e desejos me parecem ser ilícitos. Estão provavelmente presentes em todos nós, mas reprimidos pelas leis e pelos melhores desejos em aliança com a razão. Em algumas pessoas eles foram inteiramente eliminados ou restaram apenas alguns poucos enfraquecidos, enquanto que em outras são mais fortes e mais numerosos. (571bc)

Gláucon quis saber que desejos Sócrates tinha em mente. Sócrates então explica:

> Aqueles que são despertados no decorrer do sono, quando o resto da alma – a parte racional, amável e preponderante – dormita. Então a parte bestial e selvagem, cheia de comida e bebida, sacode o sono e procura descobrir um caminho para se satisfazer. Tu sabes que, nesses momentos, não há nada que ela não se atreva a fazer, livre de todo o controle pela vergonha ou a razão. Não se esquiva a tentar consumar atos sexuais com uma mãe ou com quem quer que seja, homem, deus ou besta. Cometerá qualquer sórdido homicídio, e não há alimento que ele se recuse a comer. Numa palavra, não omite nenhum ato de insensatez ou impudência. (571cd)

De certo modo, Sócrates identifica-se aqui com o seu eu onírico e, de uma certa forma, distingue-se ele mesmo do seu eu onírico. Já no Livro IV da *República*, ele dividia a alma ou o eu em três partes: a apetitiva, a fogosa e a racional. A parte apetitiva é o agente nas cenas orgíacas dos sonhos indecorosos, enquanto a parte racional dorme. Mas ainda não é ele quem desfruta do sexo ilícito e de prazeres infrenes, mesmo que parte de si mesmo, a parte racional e cumpridora da lei, esteja adormecida e fora de cena? Platão não faz com que o seu personagem Sócrates diga qualquer coisa que se pareça com o que são Paulo diz em sua Epístola aos Romanos: "Mas se eu faço o que não quero, já não sou eu quem o faz, e sim o pecado que habita em mim." (Romanos 7:20) Mas parece claro que Sócrates quer identificar-se com o seu eu racional, o eu que está adormecido durante os sonhos de uma pessoa.

Em vez de se preocupar em apurar se ele é o seu eu onírico, Sócrates oferece alguns conselhos práticos sobre como pôr o eu lascivo para dormir quando a razão está prestes a adormecer:

> Suponho que alguém que é saudável e moderado em seus hábitos só irá dormir depois de ter feito o seguinte: primeiro, estimula a sua parte racional e deleita-a com refinados argumentos e especulações; segundo, seus apetites não jejuarão nem se banquetearão para que dormitem e não perturbem sua melhor parte ou com prazer ou com dor, mas a deixarão, sozinha, pura e sem ajuda, para buscar algo – não sabe o quê – e tentar percebê-lo, quer seja passado, presente ou futuro; terceiro, acalma a sua parte fogosa da mesma forma, por exemplo, não adormecendo com seu espírito ainda excitado após um assomo de cólera. E quando tiver aquietado essas duas partes e estimulado a terceira, na qual reside a razão, e assim se entregar ao seu repouso, é então que ele melhor apreende a verdade e que as visões que surgem em seus sonhos são minimamente ilícitas. (571d-572b)

Assim, Platão parece considerar o eu apetitivo como um companheiro constante, alguém a quem está inseparavelmente ligado – pelo menos nesta vida. O eu racional, o "eu real", não é assim responsável pelo que o meu eu apetitivo faz em sonhos, *na medida em que é realmente esse eu.* Entretanto, é responsável também por amansar convenientemente o eu apetitivo, antes de o "eu real" o abandonar e ir dormir.

Agostinho tem grande dificuldade em distinguir-se do seu eu onírico, como deixa claro esta fascinante passagem do Livro X de suas *Confissões*:

> T3. Mandais-me, sem dúvida, que me abstenha da "concupiscência da carne, da concupiscência dos olhos e da ambição do mundo secular". (1 João 2:16) Ordenastes-me que me abstivesse de dormir com uma namorada e, quanto ao próprio casamento, apesar de o permitirdes, ensinastes-me que havia um outro estado melhor. (1 Coríntios 7:38) E porque mo concedestes, abracei-o antes de ser ordenado dispensador do vosso sacramento. Mas na minha memória, de que longamente falei, sobrevivem ainda as imagens de atos obscenos que meus hábitos sexuais aí fixaram. Quando, acordado, elas me acodem à mente, mas não têm força. Durante o sono, porém, não só me suscitam prazer mas até consentimento e grande semelhança com o ato concreto. A imagem ilusória possui tanto poder na minha alma e na minha carne que, enquanto durmo, falsos fantasmas me persuadem à prática de ações a que, acordado, a realidade jamais me persuadiria a cometer. Meu Deus e Senhor, não sou eu o mesmo nessas ocasiões? Apesar disso, que diferença tão grande vai de mim a mim mesmo, desde o momento em que mergulho no sono até àquele em que dele retorno! Onde está nesse momento a razão que, quando acordado, resiste a tais pensamentos sugestivos e parece inabalável, quando as próprias realidades a assediam? Fecha-se quando cerro os olhos? Dorme simultaneamente com os sentidos corporais? E por que muitas vezes, mesmo no sono, resistimos, lembrados do nosso propósito, e nele permanecemos em rigorosa castidade, repelindo tais seduções? A diferença, porém, é tão grande que, quando no sono nos sucede não resistir, ao acordar reencontramos a paz em nossa consciência. Por esse profundo abismo entre as ocorrências e a nossa vontade é que descobrimos que não praticamos voluntariamente essas ações e é, de fato, grande o pesar que sentimos por que elas tenham acontecido em nós. (X.30.41)

Embora existam outros enunciados do Problema do Sonho Moral em Agostinho, por exemplo, *De genesi ad litteram imperfectus líber* XII.15.31 (O significado literal do Gênesis), T3 é o mais extenso e angustiado de todos. É evidente que Agostinho considera perturbadores os seus sonhos em torno do sexo e um testemunho um tanto injusto sobre seu apetite sexual.

Embora pareça que foram primordialmente, senão exclusivamente, os atos sexuais em seus sonhos os que Agostinho reputou perturbadores, o Problema do Sonho Moral que ele aborda é perfeitamente comum. Eu mesmo tenho, sem dúvida, sonhado que cometi atos que achei perturbadores quando os relembrei ao acordar. Desconfio de que o mesmo ocorrerá também com os meus leitores. Serei moralmente responsável por esses atos do meu eu onírico?

Parece existirem três maneiras distintas para uma pessoa tentar se eximir da responsabilidade pelo seu eu onírico:

(1) *Eu poderia dizer que o meu eu onírico não tem realmente nada a ver comigo.* De fato, já existe um problema a respeito da identificação do meu eu onírico, mesmo antes de ser abordada a questão da responsabilidade moral. Por vezes, penso ser um personagem cujo desempenho observo no meu sonho. É como se me estivesse vendo a mim próprio em um filme. Outras vezes, penso no meu eu onírico como espectador do meu sonho. Nesses casos, posso fazer comentários no sonho acerca do que está acontecendo, mas não me vejo no sonho. Mas se o meu eu onírico é um personagem no meu sonho ou simplesmente um espectador do meu sonho, ou talvez ora uma coisa ora outra, isso não impedirá que eu insista em que esse eu onírico não é realmente eu. Se o eu onírico não é realmente eu, então não sou diretamente responsável pelos atos ou pensamentos do meu eu onírico, uma vez que não sou a pessoa que realiza esses atos ou tem esses pensamentos.

(2) *Posso insistir em que nada do que acontece nos meus sonhos ocorre na realidade, salvo se por mera coincidência.* É claro, eu poderia

sonhar que está acontecendo alguma coisa quando, por coincidência, essa mesma coisa ocorre na vida real. Entretanto, só sou moralmente responsável por atos ou pensamentos da vida real.

(3) *Eu poderia insistir em que só sou moralmente responsável pelo que está em meu poder impedir que se faça. O que eu faço em meus sonhos não é algo que está em meu poder impedir.*

Alguma dessas respostas está à disposição de Agostinho? Talvez a (1)? Agostinho pode negar sistematicamente que tem um eu onírico?

Penso que a resposta é "não". Como vimos em nossa discussão da resposta de Agostinho ao Problema do Sonho Epistemológico, ele trata os sonhos como ilusões que uma pessoa tem quando está adormecida. Se entro em uma máquina de realidade virtual e tenho a ilusão de que derrubei o pugilista que parece estar diante de mim, eu serei a própria pessoa que tem a ilusão de ter derrubado o pugilista. Da mesma forma, se sonho que derrubei um pugilista, eu sou o mesmo que derruba o pugilista no meu sonho.

Em seu livro *Sobre a alma e suas origens*, santo Agostinho é muito explícito nesse ponto:

> T4. Pois quando, em sonhos, sofremos algo desagradável e perturbador, ainda somos nós mesmos, é claro, quem o sofre... [IV.17.25]

Posso, durante um acesso de cólera ou em estado de embriaguez, ter pensamentos que depois desejei nunca tê-los pensado. Esses pensamentos podem refletir ou não as minhas verdadeiras crenças. Mas são indubitavelmente os meus pensamentos, mesmo se o contexto em que se manifestaram tenha sido um acesso de cólera ou um estado de embriaguez. Assim, dada a Resposta da Ilusão de Agostinho para o Problema do Sonho Epistemológico, ele deve reconhecer que os pensamentos que o meu eu onírico tem são os meus próprios pensamentos. Eles são meus, ainda que seja ilusório o contexto em que os tive.

E a (2)? Agostinho pode sistematicamente sustentar que nada realmente acontece quando sonho que um certo evento aconteceu?

Tal como todos nós, Agostinho talvez quisesse dizer que, quando em meu sonho despenco de um penhasco, não é realmente o caso de eu ter rolado penhasco abaixo. O que ele *não* está em condições de dizer é se, quando tenho, em sonho, o pensamento de que detesto o meu vizinho, não tive o pensamento de que detesto o meu vizinho. Como ele diz em T2, "através de uma mudança corporal, como o sono, o uso da alma do mesmo corpo pode ser reduzido, mas não a vida própria da alma".

Este ponto adquire uma importante significação quando nos apercebemos de que Agostinho é um "intencionalista" em ética. Eu faço algo moralmente errado, pensa ele, se (1) uma ação iníqua ou pecaminosa me é sugerida, (2) a ação me agrada e, finalmente, (3) consinto em realizar a ação sugerida. De acordo com Agostinho, eu peco, isto é, eu cometo uma iniqüidade moral, simplesmente por consentir na sugestão iníqua, mesmo que nunca concretize a ação que eu tinha "consentido" em realizar.[3]

Eu peco e cometo uma iniqüidade moral, de acordo com Agostinho, quando consinto em ter sexo com alguém com quem não estou casado. Uma vez que os pensamentos, incluindo os atos mentais de consentimento realizados pelo meu eu onírico, são meus pensamentos, meus consentimentos, eu peco, ou cometo um iniqüidade moral, em meu sonho ao consentir cometer adultério nesse sonho, mesmo que seja completamente casto em minha vida desperta.

Assim, a resposta (2) não está acessível a Agostinho. E a resposta (3)? Não posso argumentar que o que faço ou penso em meus sonhos é algo que está completamente fora do meu domínio?

O que temos a dizer a respeito dessa "saída" é um tanto complicado. Agostinho dedicou muita energia e esforço para derrubar o que ele chamou de "heresia pelagiana". De fato, foi Agostinho, mais que qualquer outro, quem definiu o pelagianismo como uma heresia.

Pelágio foi um monge cristão, contemporâneo de Agostinho, que ensinava que podemos ser justos e virtuosos pelos nossos próprios esforços. Santo Agostinho insistia em que nada de bom pode ser conseguido pelo nosso próprio poder, se não contarmos com a graça de Deus.

A idéia pelagiana pode ser sintetizada no slogan "'dever' implica 'poder'", que é um lema associado por muitos filósofos de hoje ao grande filósofo alemão Immanuel Kant. Assim:

(a) Se S deve fazer A, então S pode fazer A.

Com efeito, a doutrina agostiniana da graça Divina requer que solicitemos uma elucidação de (a). Significa isso, que ele quer saber?

(b) Se S deve fazer A, então S pode fazer A, de um modo inteiramente independente da assistência gratuita [i.e., a graça] de Deus?

Ou significa isso?

(c) Se S deve fazer A, então S pode fazer A, embora talvez apenas com a assistência gratuita [i.e., a graça] de Deus.

Não surpreendentemente, Agostinho rejeita (b). Para ele, isso é uma expressão da heresia pelagiana. Mas ele aceita (c).

Agora precisamos interpretar (3) e a idéia de que o que eu faço em meus sonhos é algo que está fora do alcance do meu poder. Significa isto?

(3a) O que eu faço em meus sonhos não é algo que esteja em meu poder reprimir ou abster-me de fazer, independentemente da graça de Deus.

Ou isto?

(3b) O que eu faço em meus sonhos não é algo que esteja ao alcance do meu poder abster-me de fazer, mesmo com a graça de Deus.

(3a) dificilmente é exeqüível para Agostinho. Não pode utilizá-la como um modo de livrar-se de responsabilidades. Em sua opinião, não existe nada que seja compensador e valha a pena fazer se não puder contar com a assistência da graça de Deus. Assim, a sua incapacidade para, desassistido da graça de Deus, abster-se de pecar em seus sonhos não separa esse caso de qualquer outro caso de incapacidade para abster-se de pecar sem a ajuda da graça de Deus.

Quanto a (3b), trata-se de algo que ele rejeitará sem demora. De fato, ele rejeita-o na seção imediatamente a seguir.

> T5. Não é suficientemente poderosa a vossa mão, ó Deus onipotente, para me curar todas as enfermidades da alma e extinguir com um mais abundante efluxo de vossa graça os impulsos lascivos que me assediam mesmo durante o sono? Aumentareis cada vez mais em mim, Senhor, as vossas dádivas, para que a minha alma, liberta do visco da luxúria, possa encaminhar-se até vós; para que não seja rebelde contra si própria, nem mesmo em sonhos, e não só não cometa aqueles torpes e depravados atos em que imagens sensuais provocam emissões carnais, mas tampouco, de modo algum, nelas consinta. (X.30.42)

No entanto, Agostinho diz em T1, "a diferença, porém, é tão grande [entre o consentimento em sonhos e o consentimento quando acordado] que, quando no sono nos sucede não resistir [i.e., quando consentimos num ato pecaminoso em nossos sonhos], ao acordar reencontramos a paz em nossa consciência". Mas há nisso uma boa dose de assobiar no escuro. Agostinho deixa claro pelo modo como destaca o problema do sonho moral que o ter acordado não apaziguou sua consciência. Sem dúvida, suas emissões noturnas são um óbvio lembrete de que ele foi lascivo em seu sonho. Além disso, não entende como pode ser que ele não seja responsável por consentir em seu sonho no que ele considera pecaminoso. Mas isso dificilmente significa que "tenha reencontrado a paz" em sua consciência quando acorda. Pelo contrário, ao despertar, é assediado por uma incômoda inquietação. "Não é suficientemente poderosa a vossa mão, ó Deus onipotente", ele escreve, "para me curar todas as enfermidades da alma e extinguir com um mais abundante efluxo de vossa graça os impulsos lascivos que me assediam mesmo durante o sono?" (X.40.32) Implícita está a perturbadora indagação: "Mas por que é, então, que não extingues os impulsos lascivos do meu sono?"

Aqueles dentre nós que não estão comprometidos com a agostiniana Resposta da Ilusão para o Problema do Sonho Epistemológico talvez pensem que podemos nos contentar com o primeiro modo de fugir à responsabilidade moral pelo que fazemos, ou consentimos que se faça, em nossos sonhos: nós não somos os nossos eus oníricos. Mas não devíamos ser tão complacentes conosco. Considere a resposta de Freud para o Problema do Sonho Moral.

Freud distingue entre o conteúdo *manifesto* de um sonho e o seu conteúdo *latente*. O conteúdo manifesto é a história que uma pessoa é capaz de relatar ao acordar, sem procurar oferecer qualquer interpretação para o significado do sonho. De acordo com o conteúdo manifesto, eu posso ser o observador do que aconteceu no sonho, ou posso ser um dos atores no sono. O conteúdo latente é dado na interpretação correta do sonho, talvez algo que eu só chegue a entender após uma psicanálise adequada.

Com essa distinção entre conteúdo manifesto e conteúdo latente, fica fácil entender que não podemos supor que o meu eu onírico, seja ele observador do sonho ou participante do sonho, é simplesmente eu. Pode haver alguma espécie de projeção. No entanto, Freud é muito rigoroso no tocante à aceitação da responsabilidade moral pelos nossos sonhos. Em um adendo à sua *A interpretação dos Sonhos*, intitulado "Responsabilidade moral pelo conteúdo de sonhos", ele escreve:

> Se procuro classificar como boas e más, de acordo com padrões sociais, as pulsões que estão presentes em mim, devo assumir a responsabilidade por ambas as espécies, e se, em defesa, digo que o que é desconhecido, inconsciente e reprimido em mim não é o meu "ego", nesse caso não estarei baseando a minha posição na psicanálise, não terei aceito suas conclusões e serei talvez melhor instruído pelas críticas dos meus semelhantes, pelos transtornos em minhas ações e pela confusão de meus sentimentos. Aprenderei talvez que o que estou repudiando não só "está" em mim, mas, por vezes, também "atua" através de mim.[4]

Leitura adicional

HAJI, Ishtiyaque. "On being morally responsible in a dream", in Gareth B. Matthews (ed.), *The Augustinian Tradition*. Berkeley, University of California Press, 1999, p.166-82. Haji oferece reflexões ponderadas sobre o problema do sonho moral e algumas de suas implicações.

9.

Tempo e criação

Agostinho toma o primeiro versículo do primeiro capítulo do Gênesis, "No princípio, criou Deus os céus e a terra" para transmitir, não só que Deus criou todas as coisas temporais e mutáveis, mas também que Deus criou o próprio tempo. Dirigindo-se a Deus em suas *Confissões*, Agostinho escreve:

> T1. Fostes vós o criador do próprio tempo. O tempo não poderia decorrer antes de ter sido por vós criado. (XI.13.15)

Uma leitura natural de T1 leva ao seguinte:

(A) Houve um primeiro tempo.

Poderíamos deduzir que (A) indica alguma coisa acerca dos períodos de tempo imediatamente anteriores ao primeiro tempo, a saber, que não existia então nenhum tempo. Mas essa alegada dedução é incoerente, como o próprio Agostinho está ciente disso. Assim, para que (A) faça algum sentido, é evidente que não pode implicar qualquer coisa acerca de tempos anteriores ao primeiro tempo.

De fato, Agostinho combina (A) com a seguinte declaração:

(B) O tempo existiu o tempo todo.

Ele argumenta assim:

> T2. Pois se o tempo não tivesse existido o tempo todo, teria havido um tempo em que não havia tempo. E [até] o mais completo idiota não diria semelhante coisa! (*A cidade de Deus* XII.16).

Assim, o pensador cuidadoso que aceita (A) poderia facilmente entender que o seu significado é o seguinte:

(A*) Houve um tempo, *t*, tal que não existia tempo antes de *t*.

Com efeito, o próprio Agostinho parece entender que (A) significa a mesma coisa que (A*).

Uma pergunta que (A*) suscita é a seguinte:

(P) O que foi que ocasionou o princípio do tempo?

Ao perguntar (P), poderíamos estar perguntando quem é o agente ou os agentes responsáveis pelo princípio do tempo, ou poderíamos estar tentando determinar de algum modo informativo e não-trivial que condições eram necessárias e suficientes para existir tempo. Assim, podemos dividir (P) nessas duas perguntas:

(P1) Que agente ou agentes causaram o início do tempo?
(P2) Que condições eram necessárias e suficientes para existir o tempo?

É claro, a resposta de Agostinho a (P1) é "Deus". Sua resposta a (P2) é "mudança e movimento". Mas para tornar essas respostas de todo plausíveis, ele deve supor que o ato de criação por Deus não foi precedido por algo, como, por exemplo, uma deliberação de Deus sobre se criar ou não um mundo temporal, ou mesmo um período de repouso antes dos corpos se movimentarem de forma a produzir tempo. Ele escreve:

> T3. ... não pode haver dúvida de que o mundo não foi criado *em* tempo mas *com* tempo. Um evento em tempo acontece depois de um tempo e antes de um outro, depois do passado e antes do futuro. Mas no momento da criação não podia ter havido passado, porque nada havia sido criado para fornecer a mudança e o movimento que são a condição de tempo. (*A cidade de Deus*, II.6)

Dizer que o mundo não foi criado *em* tempo significa, entendo eu, que o ato de criação por Deus não foi um acontecimento temporal. Assim, de acordo com santo Agostinho, Deus não deliberou primeiro e decidiu criar o mundo, e o criou então. Nem criou primeiro objetos e depois os pôs em movimento. O ato de criação por Deus é um ato *eterno* no sentido de ser um ato não-temporal. E os objetos que ele criou para iniciar o tempo devem ter sido cridos em um estado de movimento, ou mudança.

A idéia do ato de criação por Deus ser um ato não-temporal abre um caminho de resposta para a velha preocupação parmenidiana sobre como, a partir do nada, qualquer coisa podia vir a ser. Parmênides perguntou, retoricamente, pois considerava absurda a idéia de um princípio de existência a partir do nada: "Que necessidade teria sido atiçada para crescer mais tarde e não antes, começando do nada?"[1] A resposta agostiniana é que nenhuma causa era requerida para dar existência ao mundo em *t*, em vez de em *t'*, visto que não existia tempo antes de Deus ter criado o mundo *com tempo*.

O próprio Agostinho vincula a pergunta parmenidiana sobre tempo (o que poderia ter ocasionado o princípio do mundo em um determinado tempo e não em um outro?) a uma pergunta paralela sobre espaço: Por que o mundo teria sido criado aqui em vez de em algum outro lugar? Ele escreveu:

> T4. ... a pergunta "Por que agora e não previamente?" está em pé de igualdade com "Por que neste lugar em vez daquele?". Pois se eles imaginam que havia infinitas extensões de tempo antes de o mundo existir, uma infinidade na qual não podem conceber que Deus estivesse inativo, eles imaginarão, na mesma ordem de idéias, infinitas extensões de espaço e se alguma coisa existia em qualquer parte nessa infinidade, eles se veriam compelidos a compartilhar da fantasia epicurista de inumeráveis mundos. (*A cidade de Deus*, XI.5)

Sem o mundo, na visão de Agostinho, não haveria tempo nem espaço. Assim, as perguntas "Por que então?" e "Por que aqui?" são ambas incongruentes, mais ou menos pela mesma razão.

No Livro XII de *A cidade de Deus*, Agostinho complica um pouco a sua descrição da história da criação ao introduzir uma distinção entre tempo *ordenado* ou *medido* e tempo *não-ordenado* ou *não-medido*. Escrevendo a respeito dos anjos, ele diz o seguinte:

> T5. Eles sempre existiram; tanto assim que foram criados antes de todo o tempo medido, se aceitarmos que o tempo medido começou com a criação do céu, e eles já existiam antes disso. Mas o tempo, supomos, não principiou com o céu, mas existia antes dele; embora, de fato, não medido em horas, dias, meses e anos. Pois é evidente que as medições de espaços temporais que, por costume, são apropriadamente chamadas "tempos", estiveram no início baseadas no movimento das estrelas; daí ter dito Deus, ao criá-las: "Haja luzeiros no firmamento dos céus, para fazerem separação entre o dia e a noite, e sejam eles para servir de sinais, para estações, para dias e anos." O tempo, supomos, já existia antes disso em alguns movimentos mutáveis, nos quais havia sucessão de antes e depois, nos quais nada podia ser simultâneo. Se, portanto, antes da criação do céu havia algo dessa espécie nos movimentos angélicos e, por conseguinte o tempo já existia e os anjos se movimentavam em tempo desde o momento de sua criação, mesmo assim eles existiram sempre, considerando que o tempo começou. (*A cidade de Deus*, XII.16)

Assim, de acordo com Agostinho, o tempo realmente começou com a criação dos anjos, que estavam presumivelmente em movimento desde o momento de sua criação. Mas o movimento dos anjos produzia somente o tempo não-medido. O tempo medido só teve origem quando foram criados os corpos celestes (moventes). Assim, havia um tempo não-medido antes de haver um tempo medido.

A julgar pelos seus comentários em sua obra muito anterior, *De genesi ad litteram imperfectus líber*, Agostinho pensava no movimento dos anjos como sendo o movimento do pensamento deles, como na seguinte passagem:

> T6. ... surge a questão sobre se, à parte o movimento de corpos materiais, pode existir tempo nos movimentos de uma criatura imaterial, tal como é a alma, ou a própria mente. Esta última certamente conhece por experiência própria o movimento que se desenvolve em seus pensamentos, e nesse movimento existe algo que vem primeiro, e algo que vem a seguir, e isso não pode ser entendido sem algum intervalo de tempo. Se aceitamos isso, então pode ser facilmente entendido que houve um tempo anterior até ao céu e à terra, se os anjos foram feitos antes do céu e da terra, porque isso significa que já existia uma criatura que impelia a marcha do tempo por meio de movimentos imateriais... (III.8)

Ainda assim, há um problema para Agostinho a respeito dos "dias" referidos na história da criação no Gênesis. De acordo com essa história, Deus só criou os corpos celestes no quarto dia. Portanto, transcorreram três dias antes que os corpos celestes aparecessem. Esse tempo não foi medido por dias, mesmo se esses dias não fossem subdivididos em horas? Se foi, então já havia tempo medido antes da criação por Deus dos corpos celestes.

Agostinho respondeu a essa inquietação recusando-se a admitir que os primeiros três dias da criação, antes de Deus ter criado os corpos celestes, fossem realmente o que entendemos serem os dias. "Que espécie de dias eram esses", ele escreve, "é difícil ou mesmo impossível imaginarmos, e ainda muito menos descrevê-los." (*A cidade de Deus*, XI.6).

Quanta desordem, podemos indagar, ele atribui ao período de tempo não-medido? A desordem suficiente para que se diga realmente que houve tal coisa como um primeiro tempo, ou apenas tempo de um modo geral? É difícil ter a certeza a esse respeito. Santo Agostinho diz que, nesse período, "nem tudo podia ser simultâneo". Mas poderia ter dito, para deixar esse ponto esclarecido, que um pensamento de um dado anjo teria ocorrido após algum outro pensamento desse mesmo anjo e, assim, não seria simultâneo com o outro pensamento. Entretanto, como na moderna teoria da relatividade, talvez não ocorresse uma estrita simultaneidade entre os pensamentos de diferentes anjos. Sendo assim, então talvez não tenha havido tal coisa como o primeiro momento de tempo.

Suponhamos, porém, que Agostinho aceitou, como parece provável, a idéia de que houve um primeiro pensamento angélico. E, portanto, um primeiro tempo. Dada a sua suposição de que o movimento é uma condição prévia para o tempo, ele não podia pensar que houvesse um tempo em que esse anjo existisse sem movimento, ou seja, sem pensamento. Há, contudo, um outro problema a ser considerado. Estritamente falando, nenhum movimento ocorre, de qualquer modo, em um ponto qualquer do tempo. Somente durante algum período de tempo, não importa quão breve ele seja, pode existir movimento. Assim, como poderia ter existido um primeiro momento de tempo?

O que Agostinho pôde dizer foi o seguinte:

(A3) Houve um certo tempo *t*, de tal natureza que, para qualquer período de tempo após *t*, por breve que fosse, algum anjo estava em movimento durante esse período, e para nenhum período antes de *t*, por breve que fosse, nada se movimentava.

Pressupondo, com Agostinho, que a noção de movimento angélico é uma idéia aceitável, (A3) parece ser uma interpretação agostiniana apropriada de (A).

Até aqui, apoiei-me nos Livros XI e XII para expor as opiniões de Agostinho sobre tempo e criação. Essa parte de *A cidade de Deus* foi provavelmente escrita por volta do ano 417. Quase duas décadas antes, Agostinho tinha escrito uma descrição muito diferente do tempo no Livro XI de suas *Confissões*. Essa descrição anterior é o seu mais famoso tratamento da noção de tempo. De fato, pelo menos entre os filósofos de hoje, a descrição anterior pode ser considerada a mais famosa passagem de todo o *corpus* agostiniano. É sugerido por este trecho da descrição mais antiga que ela é muito diferente da que encontramos em *A cidade de Deus*:

> T7. Que ninguém me diga, pois, que o tempo é o movimento de corpos celestes. A rogo de um homem o sol parou, a fim de que uma batalha pudesse prosseguir até à vitória final (Josué, X.12ff): o sol parou mas o tempo continuou. (*Confissões*, XI.13.30)

Esta passagem não nos diz que, quando Deus fez o sol parar, nada mais se moveu. De fato, o propósito de Deus ao sustar o movimento do sol foi conceder a Josué e seu exército mais tempo de luz para que o combate pudesse continuar até à sua vitória final. Entretanto, Agostinho não acrescenta que o tempo de que eles dispunham para ganhar a batalha só podia ter sido tempo desordenado. Fica-se com a impressão, pela leitura dessa e de outras passagens das *Confissões* XI, de que o tempo era essencialmente algo diferente da medida de qualquer corpo.

Como isso pôde acontecer? Agostinho simplesmente mudou de idéia acerca da natureza do tempo? Se isso aconteceu, o que foi que o fez mudar de idéia? Se tal não ocorreu, como pode *Confissões* XI conciliar-se com os Livros XI e XII de *A cidade de Deus*?

Em *Confissões* XI, Agostinho formula a pergunta parmenidiana de um modo indireto ao mencionar o atrevido desafio do cético "Que fazia Deus antes de criar o céu e a terra?". (XI.10.12) Se não podemos pensar no que poderia ter ocupado a atenção de Deus antes da criação, a implicação parece ser que teremos de reconhecer que Deus estava simplesmente ocioso, talvez por uma eternidade, antes de ter decidido criar o mundo. Sem dúvida, o cético que pergunta "Por que Deus criou o universo então?" gostaria de adicionar a instigante pergunta "O que teria possivelmente havido de especial no momento escolhido por Deus para a criação que o tornou diferente de todos os outros momentos?". Afinal de contas, cada momento sem um mundo pareceria ser, em si mesmo, exatamente como qualquer outro momento sem mundo em todos os aspectos importantes.

Agostinho responde primeiro ao desafio impertinente do cético com uma resposta desaforada: "Antes de criar o céu e a terra, Deus estava preparando o inferno para aqueles que perscrutam esses profundos mistérios!" (XI.12.14) Mas depois ele muda rapidamente para rejeitar a pergunta como mal-intencionada. "Se pelo nome de 'céu e terra' se compreendem todas as criaturas, não temo afirmar que antes de criardes o céu e a terra não fazíeis coisa alguma." (*ibid.*) A intenção de Agostinho é mostrar que, pelo ato de criação, Deus também criou o próprio tempo. (Ver T1 acima.) Até esse ponto, a descrição de *Confissões* XI coincide com a de *A cidade de Deus* XI e XII.

Mas o que seria, de acordo o ponto de vista expresso em *Confissões* XI, que induziu Deus a criar o tempo? Não podemos responder a essa pergunta, assinala Agostinho, a menos que saibamos o que é o tempo. Já vimos que, em sua discussão ulterior, ele entende que o tempo é a medida de movimento. Aqui, ele procede de um modo bastante diferente e encaminha-se, além disso, para uma conclusão também diferente. Em uma expressão legitimamente famosa de filosófica perplexidade, igual às muitas que podemos encontrar em Platão (que colocou tantas expressões de perplexidade na boca de seu personagem Sócrates), Agostinho escreve:

> T8. O que é, por conseguinte, o tempo? Se ninguém me perguntar, eu sei [o que é o tempo]. Mas se o quiser explicar a quem me fez a pergunta, já não sei. (XI.14.17)

Como foi que santo Agostinho lidou com essa perplexidade filosófica? Ele mesmo relembra primeiro uma importante verdade acerca do tempo. Recorda-se de que costumamos falar de tempos extensos e tempos breves. Seja qual for a definição de tempo, portanto, é algo que ocorre em longos e curtos segmentos.

Agostinho concentra-se em seguida no tempo presente, que ele considera ser o único tempo que existe. Afinal de contas, argumenta ele, o futuro ainda não é e o passado já não é. Só o presente realmente existe.

Agostinho pergunta-se se o tempo presente pode ser extenso. Bem, observa ele, referimo-nos ao "presente século", e uma centena de anos é certamente um extenso período de tempo. Mas, como Agostinho logo acentua, se, por exemplo, já se passou um ano do presente século, essa parcela do presente século não existe mais. E se temos 98 anos do século ainda por acontecer, somente um ano está realmente presente. Mas estará esse mesmo ano real e verdadeiramente presente? Bom, se os meses tal e tal já passaram e não existem mais, e os meses tal e tal são futuros e ainda não aconteceram, só um mês é realmente *presente*.

Um raciocínio semelhante se aplicará, é claro, ao presente mês, à presente semana, ao presente dia, à presente hora – até mesmo ao presente minuto. De fato, chamamos "presente" a qualquer *período* de tempo, não importa quão breve ele possa ser, parte dele já será passado e parte ainda será futuro. Somente se considerarmos *agora* como sendo o "fio do cutelo", um instante sem qualquer duração, poderemos encontrar algo que seja verdadeiramente presente. Mas esse instante não pode ser extenso ou breve, ele não tem duração. E assim, por nosso pressuposto inicial acerca do tempo, a saber, que os tempos são extensos ou breves, um tal instante não é tempo. Assim, segundo parece, tempo é coisa que não existe.

Por fim, Agostinho encontra, supõe ele, uma saída para esse impasse. Concentra-se em um verso de um hino, "Deus, criador de todas as coisas" [*Deus creator omnium*]. Mesmo para entender esse verso, devemos manter as várias sílabas unidas em nossa mente. Quando pensamos sobre o que estamos dizendo, enquanto o dizemos, seja em voz alta ou simplesmente para nós mesmos, podemos notar que algumas das sílabas dessa frase são mais longas que outras. E que há intervalos entre as palavras. Essas observações levam Agostinho a pensar que medimos o tempo em nossas mentes. Alinhamos uma seqüência de sons, ou eventos, em nossas mentes. Medimos as partes da seqüência cotejando-as entre si, e medimos o todo por referência às suas partes. Refere-se a essas como os "meus tempos", isto é, os meus períodos de tempo. Agostinho escreve:

> T9. É por ti, minha mente, que eu meço os meus tempos! (XI.27.37)

A partir de T9, Agostinho é levado a concluir que o tempo é uma "distensão", um desdobramento. Mas um desdobramento de quê? Talvez da própria mente (XI.26.33). Seu pensamento é o de que o único lugar onde existem *períodos* de tempo é na mente. Assim:

(α) O tempo é a medida de algo mental.

Essa conclusão deve ser contrastada com as conclusões de *A cidade de Deus* XI e XII:

(β) O tempo é a medida de movimento.
(γ) O tempo (plenamente) ordenado é a medida de movimento celeste.

Uma boa maneira de entender a diferença entre (α) e a conjunção de (β) e (γ) é apoiarmo-nos numa distinção que devemos ao filósofo britânico J.M.E. McTaggart. Ele escreveu um influente artigo no início do século XX no qual distinguiu entre o que chamou termos da "série-A", como "passado", "presente" e "futuro"; e termos da "série-B", como "precede", "segue-se a" e "é simultâneo com". Os termos da "série-B" habilitam-nos a localizar os eventos em uma linha de tempo, a qual é denominada, por vezes, a "quarta dimensão".

Os termos da série-A parecem distinguir algo que flui ou passa. Assim, o que é agora futuro se tornará presente e ingressará depois no passado. Em contraste, se o evento e_1 ocorre antes do evento e_2, essa mesma relação de prioridade temporal se mantém, quer e_1 e e_2 pertençam ao futuro, ao presente ou ao passado.

Os termos da série-A são essenciais para nós como agente para atuar em tempo. Os termos da série-B não são suficientes. Assim, se tenho um encontro às 2 horas da tarde do dia 12 de outubro, eu saberei que o encontro começa depois da 1 hora da tarde e antes das 3. Mas não saberei se devo pôr o meu paletó e preparar-me para ir ao encontro, a menos que saiba que tempo é *agora*.

Os termos da série-A, ao contrário dos da série-B, funcionam à maneira de índice. O seu significado está vinculado à ocasião de seu uso. Assim como os termos "isto" e "aqui", por exemplo, indicam coisas diferentes em ocasiões diferentes de seu uso, o mesmo ocorre também com "agora", "no futuro" e "no passado". Por essas razões, os termos da série-A são radicalmente diferentes dos termos da série-B. Houve várias tentativas para reduzir os termos da série-A aos termos da série-B, mas nenhuma delas foi bem-sucedida. O que temos a dizer é que nenhuma das duas séries é redutível à outra.

Se nem uma nem outra série pode ser reduzida à outra, podemos dispensar uma das duas? Alguns filósofos argumentaram que podemos e devemos fazê-lo. Um dos meus professores, D.C. Williams, escreveu um artigo famoso, "The myth of passage" (O mito de passagem)[3], no qual defendeu a tese de que o tempo é simplesmente uma quarta dimensão, a par das familiares três dimensões de comprimento, largura e altura. A idéia de que o tempo passa e de que um evento que era futuro se tornará presente e depois vira passado é um mito.

William estava certo, penso eu, ao supor que necessitamos somente da série-B para a ciência. Mas embora os termos da série-A não desempenhem nenhum papel em uma descrição científica do mundo, a perspectiva temporal que cada um de nós possui, por ser simplesmente um agente consciente e ator no tempo, parece ser ainda mais significativa, se possível, para nós e para o modo como conduzimos nossas vidas do que a linha de tempo puramente objetiva na qual momentos e períodos de tempo são organizados por relações de precedência, seqüência e coincidência. Para mim, agora, o passado está liquidado, o futuro está, pelo menos em certa medida, aberto para determinação por escolhas e opções que eu mesmo farei. O presente é o *lócus* de minha experiência corrente e o pivô para minhas reflexões e julgamentos sobre o passado e decisões sobre o futuro. Supor que "o eu real" está em uma linha de tempo objetivo ordenada simplesmente por termos da série-B é denegrir o que há de mais profundamente real em mim.

Poderá o Agostinho de *Confissões* XI reservar um lugar para o tempo objetivo da série-B sem negar o tempo vivido da série-A? Penso que pode. Ele pode entender a linha de tempo da série-B como uma construção humana, algo que cada um de nós pode fazer por si mesmo e coordenar com a nossa sociedade usando observações do sol, relógios e outros processos de registro e controle do tempo. Mas o tempo "real", ou seja, o tempo humano, é algo que nós reunimos mentalmente a partir de, como Agostinho coloca, antecipação, experiência e memória. Ele escreve:

> T10. Quem, por conseguinte, pode negar que as coisas futuras *ainda* não existem? Não existe já na mente a expectativa das coisas futuras? Quem pode negar que o passado já não existe *agora*? Mas ainda permanece na mente a memória das coisas pretéritas. Ninguém pode negar que falta extensão ao tempo presente, uma vez que ele passa num instante. Contudo, a atenção é contínua e é através dela que o que era presente se encaminha para ser ausente. (XI.28.37)

No Capítulo 1, usei a surpreendente frase de Thomas Nagel, "a perspectiva desde lugar nenhum" para caracterizar a visão "objetiva" da realidade na terceira pessoa. Concentrado no tempo, um objetivista como o meu venerado mestre Donald Williams busca uma perspectiva desde "tempo nenhum", ou seja, uma perspectiva desde a qual não existe nenhum "agora", nenhum ponto privilegiado na linha do tempo.

Santo Agostinho, em *Confissões* XI, reverte a prioridade. Fundamental, para ele, é uma compreensão do tempo desde a perspectiva do "agora". Dessa perspectiva, a linha de tempo objetivo é o que poderíamos chamar uma "ficção bem fundamentada", uma ficção construída na mente do pensador individual.

Como reconciliar essas duas noções muito diferentes de tempo? Agostinho teria simplesmente mudado de opinião desde o tempo em que escreveu *Confissões* XI até o tempo em que escreveu *A cidade de Deus* XI e XII? Essa costumava ser a minha opinião pessoal. Agora estou mais inclinado a dizer que as duas noções se completam mutuamente.

Agostinho parece ter escrito *De genesi ad litteram imperfectus liber* (Comentários inacabados sobre o Gênesis) antes de ter sequer começado a escrever suas *Confissões*. Não se encontra a menor alusão à teoria objetiva do tempo na obra anterior. Nos Livros XI e XII de *A cidade de Deus*, escritos talvez duas ou mais décadas após a obra incompleta sobre o Gênesis, Agostinho aperfeiçoou e desenvolveu ainda mais suas idéias acerca dos anjos e do início do tempo. Além disso, não há em *A cidade de Deus* nenhuma discussão em torno da noção subjetiva de tempo. Sou hoje propenso a pensar que as duas descrições diferentes de tempo refletem o contraste entre a série-A e a série-B, sobre as quais McTaggart ficou famoso por chamar a nossa atenção 16 séculos depois.

Se é esse o modo correto de pensar sobre as duas diferentes descrições de tempo em Agostinho, então devemos acrescentar que, assim como ele nos oferece uma noção de tempo da série-A distinta da sua noção de tempo da série-B, também sugere processos diferentes usados por Deus para criar o tempo. De acordo com Agostinho, Deus criou o tempo medido da série-B ao criar coisas que se moviam e mudavam. Mas Ele teria criado o tempo da série-A ao criar mentes que têm a experiência do presente, recordam o passado e prevêem o futuro.

A idéia de Agostinho de que o tempo da série-B é a medida de movimento tem um claro antecedente em Aristóteles. No Livro IV da *Física*, Aristóteles tinha afirmado que o "tempo é o número [ou medida] de movimento em relação ao antes e depois" (220a24-5). Aristóteles também observou, quase num aparte, "mas se poderia indagar se, caso a alma não existisse, existiria ou não o tempo" (*Física*, 4.14, 223a21-2). Entretanto, ao contrário de Agostinho, ele nada fez para desenvolver uma descrição subjetiva do tempo.

O que temos a dizer, penso eu, é que a contribuição especial de santo Agostinho para a filosofia do tempo consiste em ter chamado a nossa atenção filosófica para o tempo vivido da série-A. Não se tratava, de acordo com o Gênesis 1:14, de Deus ter criado os céus como padrão. Trata-se, antes, do que o leitor e eu temos em nossas mentes, simplesmente em virtude de sermos indivíduos conscientes e atores no mundo. É o tempo desde a nossa própria perspectiva individual, em primeira pessoa.

Leitura adicional

Sorabji, Richard. *Time, Creation and the Continuum: Theories in Antiquity and in Early Middle Ages*. Londres, Duckworth, 1983. Dificilmente é possível se imaginar uma exploração mais rica e mais fecunda do que as figuras principais e secundárias da Antigüidade e do início da Idade Média tinham a dizer sobre as questões discutidas neste capítulo.

10.

Fé e razão

Com apenas um leve exagero, poderíamos dizer que santo Agostinho inaugurou a consideração filosófica de muitos tópicos que são hoje aceitos como questões correntes na filosofia da religião. Um desses tópicos é "Fé e Razão". Sem dúvida, vários filósofos gregos antigos tinham algo muito interessante a dizer a respeito da crença nos deuses. Assim, Xenofanes, que parece ter nascido por volta de 570 a.C., fez afirmações mordazes acerca do politeísmo e antropomorfismo da religião popular. "Mas se os bois e os cavalos ou os leões tivessem mãos, e fossem capazes de desenhar com suas mãos e fazer as obras que os homens podem fazer", conta-se que ele teria dito, "os cavalos desenhariam as formas dos deuses como cavalos, e os bois como bois, e representariam seus corpos à imagem e semelhança de cada um deles."[1] O próprio Xenofanes desenvolveu uma teoria monoteísta. Mas não temos provas documentais sobre qualquer coisa que ele tenha dito acerca de fé religiosa e de que modo ela está, ou devia estar, relacionada com a razão e a argumentação.

Platão tinha muito a dizer sobre deuses e sobre a crença nos deuses. Seu diálogo *Eutífron* é uma das mais profundas explorações em nossa tradição filosófica sobre se a moralidade[2] pode ser entendida, de alguma forma satisfatória, como agir de modo a receber o beneplácito divino, a fazer aquilo que "os deuses amam". O resultado parece ser que, se os deuses têm boas razões para aprovar o que aprovam e reprovar o que reprovam, então devemos atentar para essas razões a fim de determinar o que nos cumpre fazer e não fazer. Se eles não têm boas razões, então o favor divino dificilmente constitui uma base adequada para decidirmos o que fazer ou deixar de fazer.

Algumas pessoas leram o *Eutífron* como uma crítica a toda a crença e prática religiosa. Mas essa leitura vai muito além de tudo o que é explícito no diálogo. Poderíamos dizer que o diálogo oferece uma crítica à afirmação de que a prática religiosa pode ter uma justificação racional. Mas nada tem a dizer sobre a fé religiosa em geral, ou sobre se tal fé pode ou deve ser sustentada ou suplementada com argumentos filosóficos.

Uma instigante passagem sobre esta última questão pode ser lida no diálogo *Sofista* de Platão:

> T1. Estrangeiro: Todos os animais mortais, todas as plantas que sementes e raízes fazem brotar no solo, enfim, tudo o que se agrega nas entranhas da terra em corpos inanimados, fusíveis e não fusíveis, não devemos atribuir unicamente a uma operação divina que o vir-a-ser dessas coisas nasça do seu não-ser primitivo? Ou devemos aceitar a crença que é comumente expressa?
>
> Teeteto: A que crença te referes?
>
> Estrangeiro: Que a natureza gera todas essas coisas como resultado de alguma causa espontânea, sem a ajuda de inteligência alguma. Ou deveremos dizer que provieram de uma causa que, trabalhando com razão e arte, é de natureza divina e tem o selo da própria divindade?
>
> Teeteto: Talvez porque sou jovem, passo muitas vezes de uma crença à outra. Neste momento, porém, basta-me olhar a expressão de teu rosto para ver que acreditas na origem divina dessas coisas. E eu faço minha essa crença.

> ESTRANGEIRO: Pensas corretamente, Teeteto. Se eu achasse que eras o gênero de pessoa capaz de sustentar outras convicções no futuro, eu tentaria agora, pela força da persuasão, fazer com que aceitasses a minha argumentação. Mas posso ver claramente que, sem necessidade de quaisquer argumentos meus, a tua natureza se inclina, em seu íntimo, para a conclusão que, como admites, mais te atrai neste momento. Assim, não me deterei mais neste ponto, pois seria perda de tempo... (265cd)[3]

Platão não deixa o Estrangeiro explicar como poderia ter tentado, "pela força da persuasão", fazer com que Teeteto aceitasse a sua doutrina de criação divina. Presumivelmente, ele teria usado o que passou a ser chamado de "Prova teleológica". Platão apresenta uma história de criação divina de sua própria autoria no diálogo *Timeu*. Mas não alega que podemos inferir acerca da finalidade na natureza que uma história como a que ele nos conta deve ser necessariamente verdadeira. Nem tampouco explora mais a fundo qual é, ou devia ser, a relação entre razão e crença em Deus.

Aristóteles desenvolveu um argumento para o "primeiro motor", este imóvel, que santo Tomás de Aquino usou mais tarde em suas Cinco Vias para demonstrar *quia* (i.e., dos efeitos para a sua causa), a existência de Deus. Mas o próprio Aristóteles nada tinha realmente a dizer sobre crença religiosa e, por conseguinte, nada sobre o modo como tal crença poderia – ou não – ser apoiada ou suplementada por argumentos filosóficos.

Atribui-se a Tertuliano (c.160-230 d.C) a declaração: "Eu acredito porque isso é absurdo (*credo quia absurdum est*). Embora pareça que ele não usou exatamente essas palavras, ele disse coisas suficientemente próximas para receber o crédito por ter definido a posição chamada "fideísmo", de acordo com a qual somente uma doutrina que, de algum modo, enaltece o sentimento e desafia a razão é uma candidata apropriada para a fé religiosa.

Entretanto, foi Agostinho quem primeiro tentou deixar claro, desde a posição de um crente religioso, qual devia ser o papel da razão na vida de um crente propenso à reflexão filosófica. Em muitas passagens, ele fala na "fé em busca da compreensão", um lema que santo Anselmo, seis séculos e meio mais tarde, usou primeiro como o título para o que finalmente decidiu chamar de *Proslógio*, no qual apresenta o seu Argumento Ontológico para a existência de Deus.

No diálogo *Do livre-arbítrio*, Agostinho pergunta ao seu interlocutor, Evódio, se ele tem a certeza de que Deus existe (II.2.12). Evódio responde que aceita isso por fé, não pela razão. Agostinho indaga, então, de Evódio o que diria a um néscio que lhe afirmasse sinceramente, ecoando um versículo dos Salmos: "Não existe Deus."

Evódio responde ao desafio de santo Agostinho sugerindo que se recorra ao testemunho das Escrituras bíblicas. Mas Agostinho não fica satisfeito com essa resposta. Então, pergunta ele, por que não aceitar simplesmente a autoridade dos redatores das Escrituras Sagradas em outros assuntos, em vez de nos empenharmos em nossas próprias investigações filosóficas? Evódio responde: "Queremos saber e entender (*nosse et intellegere*) aquilo em que cremos." (II.2.5.16)

Agostinho cumprimenta Evódio por ter compreendido a natureza do seu projeto em conjunto, que é chegar a compreender o que eles esposam por fé. Recorrendo ao texto em "latim clássico" de Isaías 7:9, *Nisi credideritis non intellegetis* ("Se o não crerdes, certamente não permanecereis", assim como à admoestação de Jesus, "busca e encontrarás" – João 17:3), Agostinho reafirma que o propósito deles é tentar compreender aquilo em que crêem. (Diga-se de passagem, as traduções modernas, baseadas em um melhor texto hebraico, transcrevem a frase da seguinte maneira: "Se não crerdes, por certo não sereis confirmado", o que desvirtua a idéia defendida por Agostinho.)

Uma questão óbvia a formular é se uma poderia ou não adquirir a fé por meio da compreensão, assim como adquirir compreensão mediante o desenvolvimento de sua fé. Em um de seus sermões (XLIII.3.4), Agostinho reconhece, o que aliás é óbvio, que os seus ouvintes não podem acreditar no que ele está dizendo, a menos que entendam suas palavras. Mas é uma das asserções centrais de sua teologia filosófica que, pelo menos em matéria de significação religiosa ou espiritual, a fé deve preceder a compreensão. Assim, em seu *Tractate* 29 sobre o Evangelho de João, ele escreve: "Se não entendeste, eu digo, 'Crê!'. Pois a compreensão é a recompensa da fé." E acrescenta: "Portanto, não busques entender o que podes crer, mas crer no que podes entender" (*Ergo noli quaerere intelligere ut credas, sed crede ut itelligas*).

Voltemos ao Livro II de *Do livre-arbítrio*. Após indicar dois itens adicionais na busca que estão prestes a empreender, Agostinho sugere que comecem sua investigação com a pergunta: "Você existe?" Ele prossegue com essa passagem, citada no Capítulo 1:

> T2. Receias, talvez, que essa indagação possa decepcionar-te? Mas se não existisses, não poderias, de maneira, ser decepcionado. (II.3.7.20)

O leitor poderia ser induzido por essa postura a esperar que Agostinho tentasse desenvolver uma prova da existência de Deus baseado na certeza fundamental de nossa própria existência. Mas não é isso o que ele faz. Pelo contrário, Agostinho leva Evódio a concordar em um ponto: que não estava muito claro para ele que ele existia, a menos que estivesse vivo e entendesse, além disso, o que significava ser vivo. Essa postura levou Agostinho a introduzir uma escala de ser, com as coisas inanimadas no fundo da escala, os seres vivos em nível superior e, entre os seres vivos, aqueles que possuíam um entendimento superior ao daqueles seres que, embora dotados de percepção, careciam de entendimento.

Embora isso talvez não seja imediatamente óbvio para o leitor, o objetivo de Agostinho ao apresentar a idéia de uma escala de ser é poder especificar Deus como um ser que está tão alto em tal escala que nada existe superior a ele. Na base da escala, santo Agostinho coloca uma pedra, que é o seu exemplo de um ser inanimado. Acima de tais coisas inanimadas, coloca os animais irracionais, que são coisas vivas desprovidas de entendimento. Acima deles situam-se os seres humanos, dotados de vida e entendimento (II.3.7.22-3).

Um pouco mais tarde, em II.6.13.52, Agostinho desenvolve uma hierarquia paralela de naturezas, ou almas. Nessa hierarquia paralela ele coloca no degrau mais baixo da escala (i) a natureza de uma pedra, (ii) a alma de um animal irracional no nível seguinte e, por fim, (iii) a alma racional ou mente de um ser humano no terceiro nível. Agostinho pergunta a Evódio se, caso encontrasse alguma coisa superior à nossa razão, concordaria em que a entidade por ele encontrada era Deus. Evódio diz que ser melhor (*melius*) que a melhor coisa nele seria, *per se*, garantia insuficiente de que esse ser era Deus; para ser Deus, afirma ele, uma entidade teria de ser algo em relação a quem nada é superior (*quo est nullus superior*, II.6.14.54). Este comentário sugere a seguinte definição de "Deus":

(D) x é Deus = df x é superior à mente humana (ou alma racional) e nada é superior a x.

Com esta definição em mente, Agostinho, em seu *Do livre-arbítrio*, inicia uma longa discussão da verdade que culmina na conclusão de que a verdade é superior às nossas mentes.

> T3. E assim está claro, para além de qualquer dúvida, que esta verdade, pela qual as pessoas adquirem sabedoria e delas faz juizes, não de si própria mas de outras coisas, é melhor que as nossas mentes.

> Ora, concedeste que se eu provasse a existência de algo superior às nossas mentes, admitirias que esse algo era Deus, na medida em que nada haveria ainda superior a ele. Aceitei essa concessão e disse que seria suficiente se eu provasse a existência de algo superior às nossas mentes. Pois se há algo mais excelente do que a verdade, esse algo é Deus, a não ser que Deus seja a própria verdade. Em qualquer dos casos, não podes negar que Deus existe... (II.14.38.152-13.39.153)[4]

Sistematizando um pouco o argumento em T2, poderíamos dar-lhe a seguinte forma:

(1) Tudo o que é mais excelente que as nossas mentes e ao qual nada é superior é Deus. [da Definição (D) acima]
(2) A verdade é mais excelente que as nossas mentes.
Portanto:
(3) Ou a verdade é Deus ou algo superior à verdade é Deus.
Logo:
(4) Deus existe.[5]

Este argumento para a existência de Deus é o primeiro em uma extensa lista de tais provas oferecidas por filósofos cristãos e muçulmanos ao longo de toda a Idade Média até ao século XVII. O argumento de Agostinho é, sem dúvida, um dos mais impressionantes, mas é apenas um começo. Quando Anselmo produziu o que passou a ser chamado de "argumento ontológico" em seu *Proslógio*, perto do fim do século XI, ele iniciou o crucial Capítulo 2 com estas palavras de profunda ressonância agostiniana: "Ó Senhor meu Deus, que me deste o entendimento para a fé, fazei-me agora entender, tanto quanto julgares conveniente, que existes, tal como cremos [que existes], e que sois tal como cremos [que sois]." Anselmo prossegue, é claro, para produzir uma linha de raciocínio que foi um dos argumentos mais discutidos em toda a história da filosofia ocidental. O argumento de Agostinho, ao contrário, pode ser visto como pouco mais que uma "boa tentativa". Mas certamente marcou o início de um projeto que continua até os dias atuais.

O que Agostinho tem a dizer sobre os outros tópicos principais de *Do livre-arbítrio* é muito mais impressionante que o seu argumento para a existência de Deus. O seu tratamento do Problema da antevisão Divina e do Livre-Arbítrio Humano, de que nos ocuparemos no próximo capítulo, estrutura esse problema de um modo que o torna urgente para toda a subseqüente filosofia da religião. Além disso, as sugestões de santo Agostinho sobre como resolver o problema ainda são merecedoras de consideração. O outro principal problema abordado por Agostinho em *Do livre-arbítrio* é o Problema do Mal, que discutiremos no Capítulo 12. Uma vez mais, a formulação do problema por Agostinho é canônica e suas tentativas de solução estão entre as reais opções a serem consideradas ainda hoje.

O que Agostinho pensa estar fazendo quando tenta resolver o Problema da antevisão Divina ou o Problema do Mal? Ambos os problemas são desafios céticos à crença religiosa. Ambos propõem problemas que parecem encontrar-se no caminho da crença cristã ortodoxa. Se Agostinho pode solucionar, ou resolver, ou de algum modo superar esses problemas, ele terá desse modo eliminado um obstáculo para a fé. Assim, nesses casos, "a fé em busca de entendimento parece significar (1) *a fé em busca de métodos racionais para remover os obstáculos à fé*".

Um caso especial de (1) seria a tentativa de Agostinho em seu tratado *Da Trindade* de tornar inteligível a doutrina de que Deus é três-em-um. Muitas pessoas acham incoerente a Doutrina da Trindade. A tarefa de Agostinho em seu tratado consiste em dar coerência à doutrina. Depois de anunciar o seu objetivo para o resto da obra no prefácio do Livro VIII, Agostinho escreve: "Enquanto isso, atenhamo-nos decididamente à regra segundo a qual o que ainda não ficou claro para o nosso intelecto pode, não obstante, ser preservado pela firmeza de nossa fé."

O esforço para produzir um argumento em prol da existência de Deus parece ser algo um tanto diferente. Não é produzido em resposta a um problema identificável na asserção de que Deus existe. Assim, por que necessitaremos de uma prova de que Deus existe, se já possuímos uma firme crença de que Deus existe?

A resposta de Agostinho parece ser dada na seguinte passagem, também extraída de *Do livre-arbítrio*, Livro II:

> T4. Então para aqueles que acreditaram [Jesus Cristo] disse: "Buscai e encontrareis." Pois aquilo em que se acredita sem ser conhecido não pode ser dito que foi encontrado, e ninguém pode considerar-se habilitado a encontrar Deus a menos que acredite primeiro no que conhecerá depois. (II.2.6.18)

O que Agostinho parece estar dizendo aqui é que a fé em Deus procura obter um conhecimento apropriado de Deus. Os crentes em Deus supuseram com freqüência que poderiam adquirir o conhecimento de Deus por meio da experiência religiosa. Em seus escritos, Agostinho descreve diversas visões místicas. Duas descrições são encontradas em suas *Confissões*, uma no Livro VII (em VII.10.16) e uma no Livro IX (em IX.24-5).

Agostinho, entretanto, parece pensar que a reflexão filosófica pode nos ajudar a conhecer Deus. E assim a fé em busca de conhecimento pode incluir a fé em busca de reflexões filosóficas sobre o que deve ser a natureza de Deus. Deste modo, temos um segundo significado para "a fé em busca de entendimento": (2) *a fé em busca de um entendimento do que deve ser a natureza de Deus*. Assim, na segunda metade do seu tratado, *Da Trindade*, Agostinho usa a analogia da mente humana para entender a Trindade Divina.

Existe ainda um terceiro significado para "a fé em busca de entendimento" que informa a escrita agostiniana. Agostinho supõe que as Escrituras Sagradas são a palavra revelada de Deus. De certa maneira, ele é o que hoje seria chamado um "fundamentalista bíblico". Mas, de uma maneira mais importante, ele está longe de ser um fundamentalista bíblico. Embora acredite firmemente que o que a Bíblia diz é verdadeiro, ele permite uma tremenda liberdade na interpretação de passagens escriturais. Por vezes, ele apresenta um certo número de interpretações alternativas para um dado versículo das Escrituras. Por exemplo, em uma passagem crucial do Livro XII de suas *Confissões*, ele traça a distinção entre, por exemplo, a verdade da história da criação no livro do *Gênesis* e a intenção do escritor humano, que ele supõe ser Moisés:

> T5. Vejo que duas áreas de discordância se podem originar quando algo é descrito por cronistas fidedignos usando sinais. A primeira diz respeito à veracidade da matéria em questão. A segunda refere-se à intenção do cronista. Uma coisa é investigar a verdade acerca da origem da criação. Uma outra é procurar saber como as palavras usadas por Moisés, egrégio servo de vossa fé, foram entendidas por parte de um leitor ou de um ouvinte. (XII.23.32)

Agostinho mostra-se desconcertado quanto ao significado do primeiro versículo do capítulo primeiro do *Gênesis*. Ele apresenta cinco interpretações diferentes:

> T6. Na base de todos esses axiomas, uma interpretação pode ser recomendada para esse efeito, "No começo fez Deus os céus e a terra" significa que Deus criou, no seu Verbo, que lhe é coeterno, o mundo racional e sensível, ou espiritual e corporal. Uma outra interpretação diz: "No princípio fez Deus os céus e a terra", ou seja, Deus criou, no seu Verbo, que lhe é coeterno, a massa universal do mundo corpóreo, com tudo o que ele contém de realidades manifestamente conhecidas. Um terceiro ponto de vista poderia ser que "No princípio criou Deus os céus e a terra", o que quer dizer que Deus fez no seu Verbo, que lhe é coeterno, toda a matéria informe da criação espiritual e física. Uma quarta interpretação poderia ser que "Deus criou no princípio os céus e a terra" significa que Deus, por meio do seu Verbo, que lhe é coeterno, fez toda a matéria informe da criação física, quando os céus e a terra ainda eram caóticos,

> se bem que os vejamos agora nitidamente separados e dotados de formas nesta grande estrutura do mundo físico. Enfim, uma quinta interpretação poderia dizer: "No princípio criou Deus os céus e a terra", o que significa que quando Deus começou a trabalhar e a produzir, criou a matéria informe que continha em si numa condição confusa o que seriam os céus e a terra, mas agora se nos manifestam com as formas que lhes foram dadas, e contendo todas as coisas que neles existem. (XII.20.29)

Para um leitor comum, talvez possa ser difícil imaginar que distinções Agostinho tem em mente quando oferece essas cinco possibilidades. Mas é seguro afirmar que Agostinho passou uma importante parte de sua vida pensando sobre esses temas. Muitas das considerações que ele aduz a favor de uma interpretação em relação a uma outra têm o propósito de tornar esse versículo das Escrituras o mais compreensível possível, não só em si mesmo, mas também no contexto de toda a história da criação.

Assim, eis um exemplo da fé de santo Agostinho em busca de entendimento que não é nem um esforço para remover obstáculos à fé, nem um esforço para adquirir um conhecimento que se acredita ser verdadeiro, mas, antes: (3) *a fé em busca do entendimento daquilo em que se acredita.*

Este terceiro entendimento da "fé em busca de entendimento" é paradoxal. Sabemos, por certo, no que cremos, mesmo sem saber se aquilo em que cremos é verdadeiro?

De fato, há muitas perguntas importantes a respeito do que cremos, às quais não posso responder imediatamente. Devo crer que a ação afirmativa é às vezes, nunca ou sempre, uma boa política nas admissões à universidade? Eu posso ter que refletir por muito tempo sobre a questão antes de poder dizer no que acredito.

É claro, as perguntas de Agostinho sobre aquilo em que uma pessoa acredita, sobre quem acredita que Deus criou o céu e a terra, são muito diferentes da pergunta sobre o que uma pessoa acredita, sobre quem acredita que se deve adotar uma política de ação afirmativa. Na questão da criação, se eu aceito o primeiro versículo do *Gênesis* como minha própria crença pessoal, estou aceitando como verdadeiro o que algum escritor bíblico (que é de se presumir que não tenha sido Moisés!) escreveu. Mas, como Agostinho sublinha na discussão em torno de T5, já não estamos em condições de questionar o autor original dessa declaração sobre o que ela significa. Temos de atribuir a ele por nós mesmos uma coerência, uma lógica, à luz de considerações textuais, teológicas e filosóficas pertinentes.

Uma parte importante da fé cristã, tal como a fé judaica e a muçulmana, assenta no que se considera serem escrituras sagradas. Qualquer crente em uma dessas tradições necessita desenvolver a compreensão do significado dessas escrituras. É esse o terceiro significado que Agostinho atribui à sua divisa "A fé em busca de entendimento".

Uma pessoa poderia muito bem querer refletir sobre as razões pelas quais alguém, incluindo Agostinho, deve considerar apropriado atribuir um status especial a textos vistos como sendo escrituras sagradas. Na verdade, seria possível inclusive querer refletir sobre o que significa chamar "sagrados" a determinados textos. Mas não se deve supor, só porque Agostinho veio a acreditar que certos escritos são sagrados, que ele os considerasse imunes a uma nova avaliação, à luz de descobertas científicas. Dificilmente seria possível considerar que seja esse o presente caso. Agostinho parece aberto a recorrer a dados científicos que circunscrevam e limitem o que poderia ser uma interpretação correta de uma passagem das Escrituras. De fato, seria plausível Galileu considerar Agostinho seu aliado, em seu esforço para obter apoio eclesiástico para as suas descobertas científicas.

Entre os textos agostinianos que Galileu citou em defesa da aceitabilidade de suas próprias descobertas científicas, encontra-se esta passagem do Livro I de *O significado literal do Gênesis*:

> T7. Sempre que os especialistas deste mundo podem verdadeiramente demonstrar algo concreto sobre fenômenos naturais, devía-

mos mostrar que isso não é contrário ao disposto pelas nossas Escrituras; mas sempre que em seus livros eles ensinam algo contrário à Sagrada Escritura, devíamos sem a menor dúvida sustentar não só que isso é falso, mas também mostrá-los por quaisquer meios em nosso poder; e desse modo conservar a fé no nosso Senhor, em quem estão escondidos todos os tesouros do conhecimento, a fim de não sermos seduzidos pela verbosidade da falsa filosofia ou atemorizados pela superstição da falsa religião.[6]

Galileu interpreta T7 do seguinte modo:

T8. Estas palavras subentendem, penso eu, a seguinte doutrina: que há livros eruditos de autores seculares contendo algumas proposições sobre a natureza que estão verdadeiramente demonstradas e corroboradas, e há outros que simplesmente as ensinam; quanto aos primeiros, a tarefa dos teólogos judiciosos é mostrar que eles não são contrários à Sagrada Escritura; no que se refere aos outros (cujas proposições são ensinadas, mas não necessariamente demonstradas), se contêm qualquer coisa contrária à Sagrada Escritura, devem ser considerados indubitavelmente falsos e seus erros demonstrados por todos os meios possíveis. Assim, às conclusões que foram verdadeiramente demonstradas não deve ser concedido um lugar inferior ao das passagens escriturais mas, pelo contrário, esclarecer como tais passagens não contradizem essas conclusões...[7]

Como já vimos, santo Agostinho permite-se considerável abrangência na interpretação das Sagradas Escrituras. É muito razoável, penso eu, supor que Agostinho não teria visto a ascensão da ciência moderna, para a qual Galileu contribuiu de forma tão significativa, como uma ameaça à fé cristã, ou ao status que ele concedeu à Bíblia cristã.

Leitura adicional

Rist, John M. *Augustine: Ancient Thought Baptized.* Cambridge, Cambridge University Press, 1994, cap.3 ("Certainty, belief and understanding"). Este capítulo do livro de Rist constitui uma discussão estimulante e ampla de algumas das questões aqui tratadas.

11.

Antevisão e livre-arbítrio

No início do Livro III do diálogo de santo Agostinho *Do livre-arbítrio*, Evódio, seu interlocutor, faz uma observação judiciosa mas potencialmente perturbadora. Se, diz ele, o movimento da nossa própria vontade, com vistas ao seu objeto, for voluntário e estiver dentro do limite do nosso poder, seremos dignos de louvor quando nos dedicarmos à realização de objetos superiores, ou merecedores de censura quando, pelo contrário, dermos preferência a objetos inferiores (III.1.3.13). Evódio acrescentou então esta extraordinária pergunta: "Como pode ser que, se Deus antevê tudo o que acontecerá no futuro, tenhamos necessariamente que pecar?" (III.2.4.14)

Agostinho imediatamente reconhece a perplexidade que perturba Evódio e tenta desenvolver ainda mais a questão. Aplicando sua expansão ao caso exemplar de Adão, ele propôs o seguinte dilema filosófico:

(1) Se Deus antevê que Adão pecará, então é necessário que Adão peque.
(2) Se é necessário que Adão peque, então Adão não peca por sua própria vontade.

(3) Se Adão não peca por sua própria e livre vontade, então ele não é censurável por seu pecado.
Mas (4) Adão é censurável por pecar.

Este é um clássico argumento cético na filosofia da religião. Parece forçar-nos a renunciar ou à asserção de que Deus, sendo onisciente, antevê que Adão pecará, ou então a abandonar o pressuposto de que Adão é merecedor de censura. Este dilema é discutido ainda hoje. Além disso, é a formulação do argumento por Agostinho no início do Livro III de *Do livre-arbítrio* que servirá de quadro de referência para o tratamento da questão nos 16 séculos subseqüentes.

O problema da antevisão e do livre-arbítrio não é, de fato, inteiramente original com Agostinho. Ele mesmo, no Livro V de *A cidade de Deus*, dá crédito a Cícero por ter chamado sua atenção para o problema. Mas Cícero era um cético teológico. Para ele, o problema era um bom argumento para concluir que, se os seres humanos são culpáveis por suas malfeitorias, então não é o caso de existir um Deus com presciência desses atos condenáveis. Agostinho escreve:

> T1. [Cícero] constrange a alma em face desse dilema, forçando-a a escolher entre essas proposições: ou existe algum espaço para o exercício de nossa vontade ou existe antevisão. Ele pensa que não podem ser ambas verdadeiras; afirmar uma é negar a outra. Se escolhermos a antevisão, o livre-arbítrio é aniquilado; se optamos pelo livre-arbítrio, a antevisão é abolida. E assim, sendo um homem de eminente erudição, um conselheiro de ampla experiência e consumado engenho em questões que afetam a vida humana, Cícero optou pelo livre-arbítrio. (*A cidade de Deus,* V.9)

Embora Agostinho seja um grande admirador de Cícero, sua própria situação era muito diferente da dele. Na época em que começou a escrever o Livro III de *Do livre-arbítrio*, já tinha sido batizado como cristão, ordenado como sacerdote e estava prestes a tornar-se bispo de Hipona. Assim, enquanto Cícero podia usar tranqüilamente o argumento acima para provar a inexistência de um Deus que antevê que Adão pecará, os compromissos de Agostinho levam-no a tentar invalidar uma ou mais das premissas.

Muitas soluções foram propostas para o problema da antevisão e do livre-arbítrio. Algumas das mais interessantes foram explicitamente enunciadas ou, pelo menos, sugeridas pelo próprio Agostinho em *Do livre-arbítrio*. Eis a primeira solução proposta por ele:

A Solução do Fiador

> *T2. A nossa vontade não seria uma vontade, a menos que estivesse em nosso poder realizá-la. Portanto, uma vez que está em nosso poder, é livre para se manifestar... Nem pode ser uma vontade se não está em nosso poder. Portanto, Deus também tem uma antevisão do nosso poder. Assim, o poder não é retirado de mim porque Sua antevisão assim o determinou, mas porque em Sua antevisão o poder da vontade estará, por certo, mais presente em mim... (III.3.3.33-5)*

Esta é a solução com que Agostinho parece ficar sumamente satisfeito. Assim, no Livro V de *A cidade de Deus*, escrito cinco décadas depois de *Do livre-arbítrio*, essa é a solução à qual Agostinho retorna para expressar em maior detalhe nos seguintes termos:

> T3. Não se segue, portanto, que não existe nada na nossa vontade porque Deus anteviu tudo o que iria estar em nossa vontade; e se Ele anteviu isso, é porque existia algo a ser antevisto. Além disso, se, ao antever o que estaria em nossa vontade, Ele anteviu alguma coisa, e não uma não-entidade, segue-se imediatamente que existe algo em nossa vontade, mesmo se antevisto por Deus. Por conseguinte, não somos compelidos, de forma alguma, a preservar a antevisão de Deus abolindo o nosso livre-arbítrio, ou a salvaguardar

o nosso livre-arbítrio negando (mediante blasfêmia) a antevisão divina. (*A cidade de Deus*, V.10)

A Solução do Fiador permite que Deus tenha não apenas presciência do que Adão fará, mas também do que Adão fará *por seu livre-arbítrio*:

(1*) Se Deus antevê que Adão pecará por seu livre-arbítrio, então é necessário que Adão peque por seu livre-arbítrio.

Mas agora, em vez de (2), quereremos isto:

(2*) Se é necessário que Adão peque por seu livre-arbítrio, então Adão peca por seu livre-arbítrio.

Em vez da antevisão divina ser uma ameaça para o livre-arbítrio de Adão, ela pode, na realidade, ser uma *garantia* para o livre-arbítrio dele. A que conclusão poderemos chegar com essa mudança?

Parece que Agostinho, ao propor que Deus antevê o que Adão fará por seu livre-arbítrio, removeu a ameaça que a presciência representa para o livre-arbítrio. Mas ainda existem motivos de preocupação. Suponhamos:

(2a*) É necessário que Adão peque de sua própria vontade e livre-arbítrio.

Ainda assim, isto será verdadeiro:

(2a) É necessário que Adão peque.

É concebível que Adão peque por seu próprio livre-arbítrio, ainda que não pudesse ter deixado de pecar? Muitos, talvez a maioria dos filósofos, consideraram isso inconcebível. Adotaram o que Harry Frankfurt chama de "o princípio de possibilidades alternativas" (PAP, em inglês). De acordo com PAP, a pessoa não é moralmente responsável por uma ação a menos que possa ter agido de outro modo, ou seja, a menos que possa ter desempenhado alguma ação alternativa ou simplesmente optado por não agir.[1] Dada a suposição de santo Agostinho de que não somos moralmente dignos de louvor ou de repreensão e, por conseguinte, não somos moralmente responsáveis por uma ação a menos que esta seja fruto do livre-arbítrio, aceitar PAP significa que não agimos por livre-arbítrio, a menos que possamos ter agido de outro modo.

Frankfurt argumentou persuasivamente, penso eu, que PAP é falso. Sua defesa da rejeição desse princípio inclui um certo número de experimentos de pensamento. Eis um experimento muito simples de pensamento, de minha própria criação, que questiona a validade do PAP.

Suponhamos que vou votar, usando um máquina registradora de votos, na eleição para presidente da associação acadêmica. Suponhamos que essa máquina está adulterada para registrar cada voto como um voto para Barbara Smith. Suponhamos que eu, por apoiar Barbara Smith, clico no ícone que a identifica. Suponha-se ainda que faço isso sem qualquer pressão externa, muito menos por compulsão, e na mais completa ignorância de que, mesmo que eu clicasse no ícone para o competidor de Barbara, o meu voto teria sido contado como um voto para Barbara. Eu voto em Barbara Smith, sou moralmente responsável por fazê-lo e, por conseguinte, de acordo com Agostinho, procedi de acordo com o meu livre-arbítrio, se bem que, com a máquina adulterada, eu não poderia ter agido de outra maneira.[2]

Alguns filósofos vêem hoje na rejeição do PAP por Frankfurt um modo de reconciliar a responsabilidade moral com o determinismo causal. Não menos interessante, em minha opinião, é a oportunidade que oferece de usar a Solução do Fiador de Agostinho para o problema da antevisão e do livre-arbítrio. A antevisão de Deus de que agiremos livremente garantirá a nossa liberdade nessa ação, se bem que a antevisão de Deus do que optamos por fazer livremente garantirá também o resultado da nossa escolha.

A Solução do Caso Divino

Uma segunda possibilidade para tentar mostrar que a antevisão de Deus não tem de ser necessariamente uma ameaça ao livre-arbítrio é mencionada, ainda que só de passagem, em *Do livre-arbítrio*. No diálogo, Agostinho sugere a Evódio que Deus deve contar também com uma antevisão de suas próprias ações. Evódio concorda imediatamente:

> T4. Certamente se digo que Deus antevê minhas ações, devo dizer ainda com maior confiança que ele tem presciência de seus próprios atos, e antevê com a mais completa certeza aquilo que será suficiente. (III.3.6.23)

Agostinho ressalta então que, por um raciocínio paralelo ao caso de Adão, devíamos dizer que Deus não age em função do seu livre-arbítrio. Mas essa conclusão é certamente inaceitável.

A Solução do Caso Divino não ajuda a estabelecer o que está errado no argumento original. Em particular, não nos ajuda a determinar que premissa rejeitar e muito menos por que motivo a deveríamos rejeitar. Mas sugere que algo deve estar errado.

Surpreendentemente, Agostino não aprofundou essa solução. No diálogo, Evódio retrata-se da sua afirmação de que Deus antevê suas próprias ações. "Quando afirmei que Deus antevê tudo", diz ele, "considerei somente aquelas coisas que acontecem em Sua criação, não, porém, o que acontece em Si mesmo, uma vez que coisas não acontecem n'Ele; elas são eternas." Passamos, assim, diretamente da Solução do Caso Divino para a Solução de Eternidade

A Solução de Eternidade

Tanto Evódio quanto santo Agostinho não desenvolvem em *Do livre-arbítrio* a idéia aqui presente de eternidade de Deus. Mas Agostinho desenvolveu-a em outros lugares, sobretudo nesta eloqüente passagem do Livro XI de *A cidade de Deus*:

> T5. As coisas com Deus não ocorrem como conosco. Ele não olha em frente para o futuro, olha diretamente para o presente, olha para trás para o passado. Ele vê as coisas de algum outro modo, profundamente remoto de tudo o que experimentamos ou podemos imaginar. Ele não vê as coisas voltando sua atenção de uma coisa para uma outra. Vê tudo sem qualquer espécie de mudança. As coisas que acontecem sob a condição de tempo estão no futuro, ainda não em ser, ou no presente, já existentes, ou no passado não mais em ser. Mas Deus abrange tudo isso num presente estável e eterno. (XI.21)

A idéia de *ante*visão pressupõe as idéias de passado, presente e futuro, o que, como mencionamos no Capítulo 9, J.M.E. McTaggart chamou a "série-A", em vez de uma dimensão de tempo composta de instantes e períodos de tempo relacionados a cada uma das relações de *antes* e *depois*. Estas últimas, denominadas de "série-B" por McTaggart, é o que, de acordo com T5, Deus vê no seu "eterno presente". Assim, de acordo com esta concepção, a antevisão de Deus, ou seja, a visão divina do futuro é, estritamente falando, algo que não existe. Para Deus, tudo o que aconteceu, está acontecendo e acontecerá, é presente.

Engenhosa como é a Solução de Eternidade, ela parece ser, no entanto, um modo de traduzir o que há de inquietante acerca da antevisão de Deus para uma conversa da série-B. Conceber a antevisão no modo usual da série-A (com passado, presente e futuro) convida-nos a pensar sobre o que aconteceu no passado como algo resolvido, plenamente determinado. Não se pode mudar o passado. Assim, se eu soube ontem que o leitor está indo amanhã à praia, há uma espécie de determinação a respeito de ir à praia que deriva da minha antevisão. Se eu antevi ontem o que o leitor estaria fazendo amanhã, então o que fará amanhã já estava determinado ontem. Essa "determinação" priva-nos da possibilidade de agir de outro modo e assim, poderíamos dizer que aparentemente nos priva do livre-arbítrio no caso. Essa "determinação" é algo que, tradicionalmente, foi denominado de "necessidade do passado".

Mas esperem! Não haveria a mesma determinação ou, pelo menos, tanta determinação, acerca do meu conhecimento de que em um dado momento, T-1, o leitor irá à praia em um momento ulterior, T-2, mesmo que não pensemos nesses dois momentos como passado e futuro? Assim parece. Se isso está certo, então talvez o eterno presente acabasse sendo tão ameaçador para o livre-arbítrio quanto é a antevisão.

De fato, o presente eterno acarreta sua própria ameaça ao livre-arbítrio. Pensamos naturalmente no futuro como algo aberto de um modo que o passado não está. Essa "abertura", pensamos nós, proporciona ampla margem para possibilidades alternativas. Entretanto, se o futuro é disposto no presente eterno de Deus do mesmo modo que o passado, então o que nos parece ser a abertura do futuro será simplesmente um produto de nossa ignorância. De fato, o futuro estará tão determinado quanto o passado. Assim, talvez Agostinho tenha razão em não procurar explorar a Solução da Eternidade para o problema da antevisão e do livre-arbítrio.

Isto nos leva a uma outra tentativa de solução do problema de antevisão e do livre-arbítrio.

A Solução de Colocação Modal

A Solução de Colocação Modal requer que pensemos sobre o que exatamente estamos supondo ser necessário no pecado de Adão. Será apenas o pecado de Adão *per se*? Ou será a conexão entre a antevisão de Deus e o pecado de Adão?

Para esclarecer um pouco mais tudo isso, seria bom considerarmos uma diferente espécie de exemplos. Parece ser uma verdade necessária a respeito de corridas de cavalos que aquele cavalo, seja ele qual for, que primeiro cruzar a linha de chegada ganha a corrida. Assim:

(a) Necessariamente, se "Charger" cruzar em primeiro lugar a linha de chegada, "Charger" é nesse caso o vencedor.

Suponhamos agora que "Charger" cruza de fato a linha de chegada à frente de todos os outros cavalos.

(b) "Charger" cruza em primeiro a linha de chegada.

Isso é necessário para que "Charger" vença, e por isso "Charger" tinha acabado de vencer?

(c) "Charger" vence necessariamente.

Não. Inferir (c) de (a) e (b) é cometer uma falácia modal. Tudo o que (a) nos diz é que existe uma conexão necessária entre "Charger" cruzar em primeiro a linha de chegada (se, de fato, isso acontece) e a vitória de "Charger". Não nos dá, nem mesmo em conjunção com (b), uma razão adequada para concluir que "Charger" tinha de vencer essa corrida. Tudo o que validamente concluímos de (a) e (b) é o seguinte:

(d) "Charger" vence.

Em inglês corrente, tal como no latim vulgar, os locutores tendem a ser um tanto descuidados no que se refere à sua colocação do "operador necessário". Para fazer uso da Solução de Colocação Modal no problema de antevisão e do livre-arbítrio, teremos de ser especialmente cuidadosos a respeito do que está sendo dito ser necessário. Assim, faremos uma distinção clara entre essas duas declarações:

(5) Necessariamente, se Deus antevê que Adão pecará, então Adão pecará.
(6) Se Deus antevê que Adão pecará, então Adão pecará necessariamente.

Os filósofos medievais ulteriores caracterizaram a diferença entre (5) e (6) como a diferença entre a *necessidade do condicional* e a *necessidade do conseqüente*.

Assim, de (5) e

(7) Deus antevê que Adão pecará.

Segue-se isto:

(8) Adão pecará.

Mas isto não se infere de (5):

(9) Adão pecará necessariamente.

Para chegar a (9) desde (7), precisamos de (6), a necessidade do conseqüente. A necessidade do condicional não é suficiente.

Boécio (480-524) parece ter sido o primeiro filósofo a assinalar claramente essa distinção modal. Mas Agostinho parece estar se esforçando para compreender essa distinção. Assim, em *Do livre-arbítrio*, ele pergunta a Evódio se, no caso de antever que alguém vai pecar, será necessário que a pessoa em questão peque. Evódio responde que, de fato, seria necessário (III.4.9.38). Evódio parece estar confundindo a necessidade do condicional com a necessidade do conseqüente, supondo assim que toda a coisa antevista é algo intrinsecamente necessário.

A resposta de Agostinho, "Tu não obrigas a pecar alguém a quem anteviste que pecará, se bem que, sem dúvida, ele pecará" (IV.9.39), poderia sugerir a um leitor a distinção entre a necessidade do condicional e a necessidade do conseqüente. Mas o próprio Agostinho não nos oferece essa análise.

Em contrapartida, santo Anselmo, escrevendo quase sete séculos depois, deixa completamente claro que entende a distinção boeciana e está apto a dar-lhe um uso efetivo. Ele escreve, com sua característica concisão verbal, em *De concórdia* I.3:

> T6. Portanto, quando dizemos que o que Deus antevê que vai acontecer irá necessariamente acontecer, não estamos afirmando

sempre que vai acontecer por necessidade, mas simplesmente que é necessário que o que vai acontecer aconteça.[3]

A ANTEVISÃO NÃO OBRIGA

Se santo Agostinho viu ou não que a necessidade do condicional não requer o conseqüente e assim, por exemplo, compele Adão a pecar, ele certamente percebeu que a antevisão, *per se*, não obriga Adão a fazer o que Deus antevê que ele fará:

> T7. A menos que eu esteja errado, não obrigarias diretamente nenhum homem a pecar, embora soubesses de antemão que ele iria pecar. Nem a tua antevisão, em si mesma, o obriga a pecar, se bem que ele irá certamente pecar, pois devemos supor que possuis real capacidade de antevisão. (III.4.10.9)

Na seção seguinte do Livro III, Agostinho sustenta sua opinião em T7 com a analogia da memória, nesta passagem:

> T8. Assim como não acodes à compulsão para lembrar eventos passados, pois os tens registrados na memória, também Deus, por sua antevisão, não os compele a que ocorram. Assim como recordas certas coisas que fizeste e, no entanto, não és o autor de todas as coisas que recordas, também Deus antevê todas as coisas das quais Ele é a causa e, no entanto, não é causa de todas as coisas que antevê. (III.4.10.40)

Parte da idéia de Agostinho neste ponto consiste em que, com a memória verídica, pelo menos, recordamos que algo aconteceu porque aconteceu. Não aconteceu porque o recordamos. Ou seja, a nossa lembrança não é a causa para que algo tenha acontecido. Indo agora na outra direção temporal, se verdadeiramente antevemos que algo acontecerá, antevemos verdadeiramente porque, de fato, isso acontecerá. Mas a nossa antevisão não é a causa da sua ocorrência. E o mesmo acontece, diz Agostinho, com a presciência divina. Agostinho tinha completado o Livro III de *Do livre-arbítrio* por volta de 395. Só concluiria o Livro V de *A cidade de Deus* duas décadas mais tarde, em 415. A obra anterior impressiona, a nós, leitores, como mais exploratória que a ulterior. Agostinho está experimentando várias soluções para o problema a que se dedica, na esperança de que, pelo menos, uma delas seja satisfatória.

A discussão na obra ulterior é muito menos investigativa do que muito mais assente em suas ilações do que *Do livre-arbítrio*. O que ele nos dá em *A cidade de Deus* é simplesmente a Solução do Fiador.

> T9. Assim, as nossas vontades têm somente tanto poder quanto Deus lhes quis conceder e antever; Deus, cuja presciência é infalível, anteviu a força de nossas vontades e suas realizações, e é por essa razão que a nossa futura fortitude é completamente determinada e suas futuras ações estão profundamente asseguradas. (V.9)

Entre as realizações de nossas vontades, supõe ele, estão muitas livres. Sendo elas o resultado do *livre*-arbítrio, estão plenamente garantidas pela antevisão de Deus, assim como a própria escolha.

Leitura adicional

Zagzebski, Linda T. *The Dilemma of Freedom and Foreknowledge.* Nova York, Oxford University Press, 1991. É um inventário magistral das soluções para o problema.

12.

O Problema do Mal

Falamos sobre o Problema do Mal mas, de fato, há muitos e distintos problemas que são muito apropriadamente chamados de "o problema do mal". Vejamos, por exemplo, o problema que o livro bíblico de Jó apresenta. No primeiro versículo do Capítulo 1 desse livro, somos informados de que Jó é "homem íntegro e direito". Alguns versículos depois, o próprio Deus diz de Jó que "ninguém há na terra semelhante a ele, homem íntegro e direito, temente a Deus e que se desvia do mal" (I:8). Entretanto, como um teste da fidelidade desse homem íntegro e direito, seus rebanhos foram destruídos, seus filhos mortos e, por fim, ele mesmo foi "ferido de tumores malignos desde a planta do pé até o alto da cabeça" (II:7).

O livro de Jó formula, no que constitui uma das mais eloqüentes prosas da literatura ocidental, esta lancinante pergunta: "Por que as pessoas íntegras e justas sofrem e as perversas e desonestas prosperam?" Esse problema da justiça divina foi tomado por uma teodicéia, isto é, uma explicação de como pode ser que Deus seja considerado justo. E o problema que apresenta para o crente religioso é um problema do mal.

David Hume atribui ao filósofo helenístico Epicuro um problema muito diferente do mal. Eis o modo como Hume apresenta o problema:

> T1. As antigas interrogações de Epicuro ainda permanecem sem resposta.
>
> Está [Deus] disposto a impedir o mal mas não é capaz? Então é impotente. É capaz mas não está disposto? Então é malevolente. É capaz e está disposto? Donde vem, então, o mal?[1]

Em face desse trilema, Hume reflete: ou Deus não é onipotente, ou Ele não é todo bondade, ou então o mal não existe. Podemos apurar a força do trilema expressando o problema da seguinte forma. As três declarações seguintes, assim pareceu a muita gente, são inconsistentes:

(1) Deus é onipotente.
(2) Deus é onibenevolente.
(3) O mal existe.

Podemos deixar (1) de lado e admitir que existem algumas coisas que Deus não pode fazer, por exemplo, eliminar todo o mal. Alternativamente, podemos sustentar a idéia de que Deus é onipotente, mas admitir que Deus não é completamente benevolente. Ou então, e esta é, segundo Hume, a alternativa final, podemos sustentar firmemente a onipotência e onibenevolência de Deus, e negar a real existência do Mal.

Existem, é claro, outras opções. Para evitar a incoerência, poderíamos negar duas ou mesmo todas as três afirmações. De fato, poderíamos, é claro, negar simplesmente que Deus existe. Mas, de acordo com Hume, o que não podemos é sustentar de modo coerente todas as três afirmações. Elas formam o que foi denominado uma "tríade inconsistente".

Esse Problema da Consistência do Mal é muito diferente do Problema de Justiça Divina apresentado pelo livro de Jó.

Esse livro nunca faz da mera existência do Mal um problema. A mera existência do Mal é tida como ponto pacífico. O problema apresentado em Jó concerne à justa distribuição de recompensas e punições ou, pelo menos, à justa distribuição de prosperidade e sofrimento.

O Problema da Consistência do Mal não surge a menos que designemos atributos "omni" a Deus, em particular, o atributo de ser capaz de fazer o que Ele bem entender, além do atributo de possuir toda bondade. O problema então é entender como qualquer mal pode rastejar para dentro de um mundo controlado por um ser que é todo-poderoso e, ao mesmo tempo, inteiramente bom.

Como já mencionei, Hume afirma que Epicuro foi o primeiro a suscitar o Problema da Consistência do Mal. Talvez Hume tenha feito essa atribuição baseado na sua leitura de *De natura deorum* [Sobre a natureza dos deuses], que é uma discussão da teologia epicurista e estóica.

Não está claro quem foi o primeiro a enunciar o Problema da Consistência do Mal. Platão aborda esse problema no Livro II da *República*, onde pela boca de Sócrates é dito:

> T2. Portanto, uma vez que um deus é bom, ele não é, como a maioria das pessoas pensa, a causa de tudo o que acontece aos seres humanos, mas apenas de algumas poucas coisas, pois as boas coisas são menos do que as más em nossas vidas. Só ele é responsável pelas boas coisas, mas devemos encontrar alguma outra causa para as coisas más. (379c)

Temos em T2 a idéia da pura bondade em Deus, e a idéia de que, dada a existência do Mal, este deve ter uma outra causa. Seria possível inferir, portanto, que Deus não é onipotente, caso contrário teria eliminado a causa do mal. Entretanto, essa solução para o Problema da Consistência do Mal parece incompatível com o ensinamento de Sócrates no fim do Livro VI da *República*, no qual ele diz o seguinte:

> T3. Portanto, deverias também dizer que não só os objetos de conhecimento devem ao bem ser conhecidos, mas que seu ser também é devido a ele. (509b)

Esta passagem parece afirmar que tudo o que existe ou, pelo menos tudo o que existe e que pode ser conhecido, é causado pelo bem.

Em todo o caso, a solução sugerida em T2 não é do tipo que Agostinho possa aceitar, uma vez que ele supõe que Deus é onipotente e, por conseguinte, capaz de impedir que qualquer outra causa introduza o mal no mundo.

Agostinho esteve preocupado com esse problema do mal durante grande parte de sua vida adulta. Após ser convertido para a filosofia pela leitura de Cícero, tentou ler a Bíblia cristã. Achou-a desprovida de valor em comparação a Cícero.[2] Em parte por causa de sua perplexidade sobre a origem do Mal, foi atraído para a companhia dos maniqueístas, uma seita cristã, ou semicristã, cujos membros acreditavam na existência de um Princípio das Trevas, ou o Mal, assim como um Princípio da Luz, ou o Bem. Os maniqueístas resolveram o Problema da Consistência do Mal negando que Deus fosse onipotente.

Agostinho tornou-se um ouvinte, ou iniciado, maniqueísta, e assim permaneceu durante nove anos. Quando, mais tarde, aderiu ao cristianismo e tornou-se, de fato, um teólogo eminente da igreja cristã, ele definiu o maniqueísmo como uma heresia cristã. Mas antes que Agostinho pudesse se tornar um cristão, ele precisava ter uma resposta para o Problema da Consistência do Mal. No Livro VII de suas *Confissões*, santo Agostinho descreve o problema do seguinte modo:

> T4. Eis Deus, e eis o que Deus criou! Deus é bom, possante e incomparavelmente superior a essas coisas. Ele é bom e, por conseguinte, criou coisas boas. Vede como Ele as cerca, as alimenta e sacia. Onde está, pois, o mal? Donde e por onde logrou ele penetrar? Qual é a sua raiz e qual é a sua semente? Ou será que não existe?

> Então por que temer tanto o inexistente? E se é em vão que o tememos, é o próprio medo, sem dúvida, o mal que nos tortura e nos perturba sem motivo o coração. Esse mal é tanto pior e mais angustiante quanto é certo que não existe o que tememos. Mas nem por isso o nosso medo se dissipa. Por conseguinte, ou existe o mal que tememos, ou o nosso medo é que é o mal. Qual é a sua origem, uma vez que o bom Deus fez todas as coisas boas? Sendo Ele o Bem supremo, por certo criou bens menores que Ele; entretanto, o Criador e tudo o que Ele criou são bons. Donde, pois, vem o mal? Será que a matéria com a qual Ele fez todas as coisas continha em si algo maligno? Ele deu-lhe forma e ordem, mas terá deixado nela um elemento daninho que não pôde transformar em algo bom? E isso por quê? Foi Ele incapaz de converter e transformar toda a matéria de modo que nada de maligno restasse nela? Não é Deus onipotente? (VII.5.7)

Esta passagem não só enuncia o Problema da Consistência do Mal, mas, além disso, rejeita duas soluções para o problema, uma das quais Agostinho continuou achando atraente. Uma solução possível é dizer que o Mal não proveio do Criador Onipotente, mas da matéria que o Criador tinha de usar na criação do mundo. Agostinho nunca achou essa solução atraente, em parte porque pressupõe que Deus criou os céus e a terra a partir do nada. Ele estava disposto a supor que Deus tinha, em primeiro lugar, criado a matéria informe a partir do nada e, depois, o mundo usando essa matéria-prima informe. Mas, ao supor que Deus criou a matéria informe, Agostinho eliminou a plausibilidade da declaração de que um Deus onipotente e onibenevolente poderia ter sido incapaz de criar seres não contaminados pelo Mal, por causa da malignidade da própria matéria por Ele usada.

A solução mencionada em T4 que Agostinho continuou a achar atraente faz uso da doutrina neoplatônica de que o Mal é privação ou carência, literalmente, não-ser. Ele retorna a essa solução um pouco depois, no Livro VII das *Confissões*:

> T5. Era óbvio para mim que todas as coisas suscetíveis de corrupção são boas. Não poderiam ser corrompidas se fossem bens supremos ou se não fossem totalmente boas. Pois se fossem supremamente boas seriam incorruptíveis. E se nenhum bem houvesse nelas, nada teriam suscetível de ser corrompido. ... Se existissem e fossem imunes à corrupção, elas seriam superiores porque seriam permanentemente incorruptíveis. O que poderia ser mais absurdo que dizer que as coisas se tornariam melhores se perdessem todo o seu bem? Por isso, se estão privadas de todo o bem, elas não são nada. Portanto, enquanto existirem, elas são coisas boas. Assim, são boas todas as coisas que existem, e o mal cujas origens eu estava investigando não é uma substância, pois se fosse uma substância seria um bem ... (VII.12.18)

Entretanto, esta não é a resposta primordial de santo Agostinho para o Problema da Consistência do Mal. Antes de considerarmos sua resposta principal, porém, devemos retornar ao problema em si e refletir um pouco mais sobre os desafios que ele nos apresenta.

Como já sublinhei, Hume considera que as três declarações cuja conjunção resultaria na formação do Problema de Consistência constituem uma tríade incompatível. Mas quando refletimos sobre isso, podemos ver que a conjunção "Deus é onibenevolente e Deus é onipotente e não existe o Mal" não é formalmente inconsistente. Isto é, tal como é enunciada, ela não envolve logicamente nada que seja da forma "*p* e não *p*". Por que pensaria Hume, ou qualquer outro, de maneira diferente? A resposta deve ser que uma premissa adicional é automaticamente fornecida, algo que parece ser obviamente verdadeiro e que dificilmente precisa ser enunciado. São várias as maneiras como se pode formular essa adicional "Premissa-Ponte", como a chamarei. Eis uma dessas maneiras:

(4) Se existisse um ser que é onibenevolente e onipotente, não haveria o Mal.

A idéia subentendida em (4) é que nenhum ser onibenevolente quer que o Mal exista e, assim, se esse ser for também onipotente, haverá a certeza absoluta de que nenhum Mal existirá.

A conjunção de (1), (2), (3) e (4) é, de fato, logicamente, ou formalmente, incompatível. Mas precisamos refletir por um momento sobre o status de (4). Adicionamo-lo como uma hipotética premissa. Mas como saber se é verdadeira? Não se trata claramente de uma afirmação empírica, ou de uma generalização sobre os seres onibenevolentes e onipotentes de que temos conhecimento. Se é verdadeira, deve ser alguma espécie de verdade conceptual.

É (4) real e verdadeiramente uma verdade conceptual? Para rejeitar uma verdade pretensamente conceptual, tudo o que precisamos fazer é mostrar que ela é *concebivelmente* falsa. Assim, para rejeitar (4) de maneira a invalidar o Problema de Consistência do Mal, tudo o que precisamos mostrar é que:

(5) De maneira concebível, não se trata do caso de (4).

Em outras palavras, tudo o que se precisa mostrar é o seguinte:

(6) É concebível que o Mal exista, mesmo que haja um ser onibenevolente e onipotente.

Para mostrar que (6) é verdadeiro, tudo o que necessitamos estabelecer é que um ser onibenevolente e onipotente *poderia ter* uma razão suficiente para permitir a existência do Mal.

O que poderia ser essa razão suficiente? Uma das respostas de Agostinho é que o Mal ingressa no mundo por meio da livre escolha humana. Na literatura recente sobre o Problema de Consistência do Mal, esse tipo de solução chama-se, de acordo com Alvin Plantinga, a “Defesa do Livre-Arbítrio”.[3] A idéia é que, sem a livre escolha humana, nós, seres humanos, seriamos incapazes de ser moralmente bons. Como Agostinho algumas vezes disse, dispor de livre-arbítrio consiste num bem intermediário. Admite e deixa espaço para que a bondade humana se manifeste. Mas, é claro, também consente que os seres humanos se conduzam erradamente e introduzam assim o Mal no mundo. Deus, mesmo em sua plena onipotência e onibenevolência, não pode, de acordo com a Defesa do Livre-Arbítrio, criar a possibilidade da bondade moral de Suas criaturas sem introduzir também uma possibilidade de Mal.

Como é que a Defesa do Livre-Arbítrio de Agostinho responde ao Problema de Consistência do Mal? Para corroborar (6), oferecemos a seguinte consideração:

(7) Até mesmo um ser onibenevolente e onipotente poderia ter uma razão suficiente para permitir a existência do Mal.

Para sustentar (7) apresentamos o seguinte:

(8) Qualquer mundo possível em que existam seres humanos com livre-arbítrio é melhor que qualquer mundo possível em que os seres humanos careçam de livre-arbítrio.

Aliado a isso:

(9) É concebível a inexistência de um mundo possível em que há seres humanos dotados de livre-arbítrio e onde o Mal não exista.

A conjunção entre (8) e (9) corresponde ao que parece ser uma razão suficiente para que até um ser onibenevolente e onipotente permita o Mal no mundo, o que satisfaz (7). E (7), por sua vez, torna (6) plausível.

No Livro II de *Do livre-arbítrio*, Agostinho distingue três classes de bens, como segue:

> T6. As virtudes pelas quais vivemos corretamente são grandes bens, enquanto que todas as espécies de beleza física, sem as quais podemos viver corretamente, são os bens do mais baixo nível. Os poderes do

espírito, sem os quais ninguém pode viver corretamente, são os bens intermédios entre essas duas espécies. Ninguém usa as virtudes para o mal. Entretanto, os outros bens, inferiores e intermediários, podem ser usados não só para o bem mas também para o mal. (II.50.191-2)

Agostinho tenta, em diversas passagens, explicar por que o livre-arbítrio é um bem intermediário. Tomando T6 como pista, podemos suspeitar de que o livre-arbítrio é tido na conta de um dos "poderes do espírito, sem os quais ninguém pode viver corretamente". O que Agostinho pretende dizer com essa asserção fica mais claro no Livro III, por exemplo, quando Evódio diz o seguinte, com a aparente anuência de Agostinho:

T7. Uma vez que, na verdade, foi um Deus bom quem me fez, todo o bem que eu posso fazer é fruto exclusivo da minha vontade. Está muito claro que um Deus bom me deu a vontade para esse fim. Se o movimento pelo qual a vontade se manifesta desse modo não fosse um ato voluntário e não estivesse em nosso poder realizá-lo, então não poderíamos ser louvados quando nos dedicamos às coisas superiores, nem repreendidos quando, repentinamente, nos voltamos para as inferiores. (III.1.3.12-13)

Parece claro para Agostinho que o fato de haver agentes morais, capazes de fazer o bem e o mal, é bom. Esta passagem, perto do fim do Livro III de *Do livre-arbítrio*, deixa isso claro:

T8. Assim como um cavalo extraviado é melhor que uma pedra imóvel, uma vez que a pedra não possui seu próprio movimento ou percepção, também a criatura que peca por sua própria e livre vontade é mais excelente que a criatura que não peca porque não tem livre-arbítrio. (III.5.15.57)

Então esta é a Defesa do Livre-Arbítrio de santo Agostinho.

A Defesa do Livre-Arbítrio não é a única maneira de Agostinho desarmar o Problema da Consistência do Mal. Uma outra maneira, como já mencionei, é negar a existência substancial do mal recorrendo à idéia neoplatônica de que o Mal é uma deficiência, ou uma falta. Só Deus é perfeitamente bom, de acordo com esses argumentos. Qualquer coisa que exista, além de Deus, prossegue esse argumento, deve ser imperfeita. Ao criar seres humanos, Deus criou coisas que, porque não são Deus, são imperfeitas e, portanto, más. O que Deus cria é, portanto, bom à sua própria maneira, mas ao ser imperfeito, é também mau. Chamemos a isso de "Solução Imperfeita" para o Problema da Consistência do Mal.

A Solução Imperfeita rejeita o princípio de ponte com a tese de que mesmo um ser onibenevolente e onipotente não poderia criar algo distinto de si mesmo, que é perfeito e, portanto, livre do Mal. Eis uma passagem do *Enchiridon*, de Agostinho, em que ele esboça a Solução Imperfeita para o Problema da Consistência do Mal:

> T9. Todas as coisas que existem, portanto, ao ver que o Criador delas todas é supremamente bom, são elas próprias boas. Mas porque não são, como o seu Criador, supremamente e imutavelmente boas, sua bondade pode ser diminuída ou aumentada. Mas, para o bom ser diminuído é um mal, embora por mais que possa ser diminuído, é imprescindível, caso se pretenda dar continuidade ao ser, que algum bem subsista para constituir o ser. (XII)

E aqui temos uma passagem afim do Livro VII das *Confissões*:

> T10. Para mim, é óbvio que todas as coisas passíveis de corrupção são boas. Se fossem supremamente boas, ou se não fossem absolutamente boas, não poderiam ser incorruptíveis. (VII.12.18)

Há, também, em Agostinho uma terceira solução para o Problema da Consistência do Mal. Podemos chamá-lo de Solução do Contraste Necessário. Ela está expressa, por exemplo, nesta passagem do Livro XI de *A cidade de Deus*:

> T11. Se ninguém tivesse pecado no mundo, o mundo teia sido provido e recheado somente com coisas naturalmente boas. E o fato de que o pecado aconteceu não significa que todo o universo está repleto de pecado, uma vez que o número muitíssimo maior de corpos celestes preserva a ordem de sua natureza e a vontade maligna que recusou respeitar a ordem não escapou, por essa razão, às leis de Deus, que ordena bem todas as coisas. Uma pintura pode ser bela, quando tem toques de preto em lugares apropriados; da mesma forma, todo o universo é belo, se o pudermos ver como um todo, mesmo com os seus pecadores, embora sua feiúra seja repelente quando vistos em si mesmos. (11.23)

Agostinho não diz em T11 que não existiria o bem sem o Mal. O que ele diz é que o universo como um todo pode ter uma beleza que abrange o bom e o mau, tal como uma bela pintura pode ter áreas sombrias, bem como luminosas. Talvez este ponto tenha o intuito de ajustar-se à Solução de Privação. Uma vez que qualquer criação será menos do que perfeita, a única forma de uma criação ser bela será se as suas privações estiverem ordenadas de um modo apropriado. Assim, nem mesmo um ser onibenevolente e onipotente poderia originar uma perfeita criação. O máximo que um ser assim poderia fazer é criar um mundo em que as imperfeições são ordenadas de maneira a pôr em relevo o bem. Esta conclusão poderia, dessa maneira, dar um suporte adicional a (6).

Qualquer das soluções de santo Agostinho é satisfatória para o Problema da Consistência do Mal? Graças ao trabalho de Alvin Plantinga e outros, a Defesa do Livre-Arbítrio é a que tem sido recentemente objeto, penso eu, das mais profundas e amplas discussões. Central nessa discussão recente foi a questão sobre se Deus poderia ter concedido o livre-arbítrio aos seres humanos, mas de tal forma que eles fizessem as escolhas moralmente corretas. Plantinga elaborou uma impressionante argumentação para concluir que, possivelmente, Deus, embora seja um ser onibenevolente e onipotente, não poderia ter dado realidade a um mundo onde há bondade moral, a qual requer liberdade humana, mas nenhum mal. Eis parte da conclusão de Plantinga:

> Deus só pode criar um mundo que contenha o bem moral criando pessoas significativamente livres. E, uma vez que toda pessoa é a exemplificação de uma essência, ele só pode criar pessoas significativamente livres mediante a criação de essências que lhes sejam próprias. Mas se toda a essência dessa natureza sofre de depravação de um extremo ao outro do mundo, então não importa que essências tenha Deus criado, pois as pessoas resultantes, se livres a respeito de ações moralmente significantes, sempre desempenharão também algumas ações erradas. Se toda a essência própria de uma criatura sofre de depravação de um extremo ao outro do mundo, então está para além do poder do próprio Deus criar um mundo que contenha o bem moral, mas nenhum mal moral.[4]

Embora Plantinga tenha feito uso de uma idéia de essências individuais não encontrada em Agostinho, assim como de uma refinada semântica modal indisponível para Agostinho, a sua conclusão parece concordar, de um modo geral, com a Defesa do Livre-Arbítrio do próprio Agostinho.

Existe, porém, um aspecto em que as opiniões do próprio Agostinho sobre o Céu parecem abalar a sua Defesa do Livre-Arbítrio. No Livro XXII de *A cidade de Deus*, Agostinho diz-no que aqueles de nós que aspiram a ganhar o Céu serão incapazes de se deleitar no pecado. De certa maneira, essa incapacidade parece ser uma grande benção. Mas também pode parecer uma perda. Que dizer do livre-arbítrio dos bem-aventurados que estão no Céu? Eis a resposta de Agostinho:

> T12. Ora, o fato de que serão incapazes de se deleitar no pecado não implica que não possuam livre-arbítrio. Com efeito, a vontade será mais livre, na medida em que se liberta do prazer em pecar, e se fixa num prazer inabalável em não pecar. A primeira liberdade da vontade, dada ao homem quando foi criado íntegro no princípio, foi uma aptidão para não pecar combinada com a possibili-

> dade de pecar. Mas esta última liberdade será mais potente, pois acarretará a impossibilidade de pecar; entretanto, isso também será o resultado de um dom de Deus, não de alguma qualidade inerente da natureza. Pois ser um participante de Deus não é a mesma coisa que ser Deus; a inaptidão para pecar pertence à natureza de Deus, enquanto aquele que compartilha da natureza de Deus recebe a impossibilidade de pecar como uma dádiva de Deus. Além disso, as etapas da dádiva divina tinham de ser preservadas. O livre-arbítrio foi dado primeiro, com a aptidão para pecar; e a última dádiva foi a inaptidão para pecar. A primeira liberdade foi concebida para adquirir mérito; a última dádiva dizia respeito à recepção de uma recompensa. (XXII.30)

Surpreendentemente, de acordo com esta passagem, é possível ter livre-arbítrio e, ao mesmo tempo, não apenas resistir com êxito a todas as tentações para pecar mas, na realidade, ser incapaz de pecar! É claro, é apenas pela graça de Deus que o eleito terá livre-arbítrio e, ao mesmo tempo, inaptidão para pecar. Mas, diz Agostinho, é somente pela graça de Deus que, em primeiro lugar, qualquer um de nós possui livre-arbítrio. Assim, por que não podia Deus, por Sua graça, ter dado a Adão, e a todos nós, o livre-arbítrio juntamente com a inaptidão para pecar? Agostinho diz, de fato, que "a primeira liberdade foi concedida para adquirirmos mérito". Ele, entretanto, mais qualquer outro cristão proeminente, rejeita a idéia de que podemos merecer a salvação. Sendo assim, por que é importante para os seres humanos a aquisição de mérito?

Agostinho parece estar diante de um impasse. Sua Defesa do Livre-Arbítrio requer que seja concebível a possibilidade de mesmo um ser onibenevolente e onipotente não permitir que seres humanos sejam agentes livres sem consentir na existência do mal. Entretanto, sua idéia da segunda dádiva de liberdade apresenta Deus dando ao eleito no céu uma espécie superior de liberdade que inclui a inaptidão para pecar.

Eis o impasse. Quando formulei o Problema de Consistência do Mal, sublinhei que a conjunção de (1), (2) e (3) não é uma contradição formal. Disse que necessitaríamos de uma Premissa-Ponte para gerar uma contradição formal. Sugeri a seguinte premissa:

(4) Se existisse um bem onibenevolente e onipotente, não haveria o Mal.

Acrescentei que (4) teria de ser uma verdade conceptual, de modo que tudo o que necessitaríamos para derrotar a afirmação de inconsistência seria tornar plausível esta afirmação:

(6) É concebível que houvesse Mal, apesar da existência de um ser benevolente e onipotente.

A Defesa do Livre-Arbítrio corrobora (6) ao tornar a seguinte afirmação plausível:

(7) Mesmo um ser onibenevolente e onipotente poderia ter uma razão suficiente para consentir que o Mal exista.

Uma parte crucial para tornar (7) plausível é esta afirmação:

(9) É concebível que não exista um mundo possível em que haja seres humanos com livre-arbítrio e sem Mal.

Os pensamentos de santo Agostinho sobre "a última dádiva" de livre-arbítrio questionam (9). Parece que se o que Agostinho disse sobre o livre-arbítrio do eleito no céu é realmente plausível, Deus poderia ter feito Adão e Eva dotados de livre-arbítrio, na verdade, com uma espécie superior de liberdade, mas sem a menor possibilidade de que optassem por comer a maçã.

Isso nos leva de volta à pergunta suscitada por J.L. Mackie, entre outros, que iniciaram a recente discussão do Problema da Consistência do Mal:

T13. Se Deus fez os homens de tal modo que, em seu livre-arbítrio, eles preferissem ora o que é bom, ora o que é mau, por que Ele não poderia ter feito os homens de forma que eles sempre optassem livremente pelo bem?[5]

Em vista da discussão de Agostino sobre livre-arbítrio no céu, devo admitir que não vislumbro como ele pode responder de um modo satisfatório ao desafio de T13.

Leitura adicional

Plantinga, Alvin. "God, evil and the metaphysics off freedom", in: *The Nature of Necessity.* Oxford, Clarendon Press, 1974, cap.9. A tese de Plantinga sobre o Problema da Consistência do Mal motivou grande parte da recente discussão sobre o problema.

13.

Desejar coisas más

Em uma famosa passagem de um dos diálogos de Platão (*Mênon*, 77b), o personagem Mênon sugere que a virtude é (i) desejar coisas nobres (*ta kala*) e (ii) o poder de adquiri-las. Sócrates faz Mênon concordar que por "coisas nobres" ele simplesmente entende coisas boas. Então Sócrates pergunta-lhe, em aparente frustração, se Mênon acredita que, embora existam algumas pessoas que desejam o bem, outras na realidade querem o mal. O seu ponto de vista é que, a menos que seja concebível haver pessoas que, de fato, desejam coisas más, a primeira metade da sugestão de Mênon quanto à natureza da virtude, ou seja, querer coisas boas (ou nobres), estará vazia e, portanto, não desempenhará papel algum na distinção entre virtude e não-virtude.

Mênon, por sua vez, pensa ser óbvio que algumas pessoas querem coisas más. Mas Sócrates insiste com ele para que trace uma distinção clara: "E crês que estes desejam as coisas más porque as acham boas, ou dizes, então, que sabem que elas são más e não obstante as desejam?" (77c). "Creio que há os dois casos", respondeu Mênon com simplicidade.

Sócrates faz muito pouco esforço neste diálogo ao tentar mostrar que ninguém deseja coisas más, pensando que elas são boas. Sua idéia parece ser que, se alguém equivocadamente supõe que um objeto de desejo é bom quando na realidade é mau, então o objeto real do seu desejo não é realmente o objeto mau que a pessoa *parece* querer, mas, antes, o objeto bom imaginado para si mesma.

O que dizer agora acerca da outra espécie de caso que Sócrates identifica? Podemos querer coisas más, sabendo que elas são más, ou acreditando até que sejam más? Sócrates supõe, neste caso, que o meu desejo de coisas más, se isso fosse possível, seria o desejo de querer coisas que só me causariam mal. Assim, parece ele ponderar, o meu desejo de coisas más *acreditando* que elas são más, seria desejá-las *acreditando* que elas nos causariam mal. (Podemos questionar essa inferência.) Obter coisas más, acrescenta, seria obter coisas que fariam um homem sentir-se infeliz. Sócrates induz Mênon a concordar que não há no mundo um único homem que deseje ser infeliz ou levar uma vida miserável.

Neste ponto, sobrevém toda a espécie de complicações. Posso querer fumar outro cigarro sabendo que, *a longo prazo*, fumar é ruim para mim, mesmo se, a curto prazo, isso me proporcione o prazer de algumas tragadas? Certamente que posso. Sócrates não discute esse gênero de caso no *Mênon*. Mas podemos facilmente imaginar o que ele diria: Fazer tal coisa só seria possível abstraindo mentalmente toda a malignidade a longo prazo e concentrando-se nas satisfações a curto prazo, que assim se converteriam em um verdadeiro objeto de desejo.

Talvez eu já tenha dito o suficiente a respeito da passagem do *Mênon* para deixar claro que a argumentação de Sócrates pode facilmente nos levar à conclusão de que desejar coisas más requer ignorá-las ou ser simplesmente ignorante, em algum aspecto crucial, da malignidade daquilo que se quer. Essa conclusão harmoniza-se com a idéia socrática de que a virtude é uma espécie de conhecimento, e o vício que é querer o que são, de fato, coisas más, é uma espécie de ignorância. Essa idéia torna-se plausível em função do pensamento mais genérico de que só se poderia querer uma coisa desde que se pense que ela seria, de alguma forma, algo bom para fazer ou ter. Seja o que for que queremos, é algumas vezes dito, queremo-lo "sob a forma do Bem" – ou seja, concebido como algo bom. Chamemos de "(W1)" a essa tese e formulemo-la nos seguintes termos:

(W1) Querer alguma coisa é sempre querer algo que se acredita, nesse momento, ser bom.

Agostinho parece ter sido o primeiro filósofo importante a debater (W1). Ao fazê-lo, conta uma história mais trivial a respeito de uma travessura da qual participou quando era adolescente. Antes de contar a história, porém, ele explica um pouco do contexto. Em suas *Confissões*, escreve: "Nesse mesmo ano (370), quando completei 16 anos, ocorreu uma interrupção em meus estudos. Fui chamado a Madaura, cidade vizinha onde vivi pela primeira vez longe do lar paterno para estudar literatura e oratória. Durante esse tempo, fundos foram amealhados em preparação para uma ausência mais demorada e distante em Cartago, a respeito da qual meu pai mostrava mais entusiasmo que pecúnia, já que era um cidadão de Tagaste com recursos financeiros muito modestos." (II.3.5).

Encontrando-se em uma espécie de férias prolongadas antes de partir para Cartago, a fim de obter uma educação superior, Agostinho fez coisas que mais tarde viria a lamentar. Relembrando esse ano três décadas depois, quando escreveu suas *Confissões*, pôde dizer:

> T1. Quantas vezes, na adolescência, ardi no desejo de encontrar satisfação em infernais prazeres. Embrenhei-me desvairado na sombria selva das aventuras eróticas. (II.1.1)

Agostinho descreve esse ano como um período de ociosidade em que começou a "mostrar sinais de virilidade e as excitações da adolescência". (II.3.6) "Entre os companheiros da minha idade", escreve ele, "sentia-me envergonhado por não ser igualmente culpado de um comportamento indecoroso, quando os ouvi jactarem-se de suas proezas sexuais." (II.3.7) E continua:

> T2. Eis os companheiros com quem percorria as ruas de Babilônia. Com eles me revolvi e lambuzei de lama, como se fossem preciosos ungüentos e especiarias raras... As rédeas estavam afrouxadas para que eu pudesse me divertir. Não havia uma disciplina rigorosa que me contivesse, o que resultou numa desenfreada licenciosidade em muitas direções diferentes. (II.3.8)

Com resultado do que fora descrito em T1 e T2, poderíamos esperar uma história em que Agostinho desonra sua família ao engravidar a filha menor de um proprietário de terras local. Mas o que se segue é algo muito diferente. Eis a história que forma a peça central de *Confissões* II:

> T3. Havia, próximo da nossa vinha, uma pereira carregada de frutos que nada tinham de sedutores, tanto pela cor quanto pelo sabor. Altas horas da noite, pois tínhamos o perverso hábito de prolongar nas eiras as nossas farras (do nosso usual modo pestilento) nas ruas do burgo, eu, com uma turma de travessos adolescentes, fomos sacudir a pereira para lhe roubarmos os frutos. Colhemos uma enorme quantidade de peras, não para nos banquetearmos, mas simplesmente para as jogarmos aos porcos. Mesmo que comêssemos algumas, o nosso prazer consistiu, não obstante, em fazer o que era proibido, pois o furto é um ato ilícito. (II.4.9)

Este incidente parece, de qualquer modo, ser banal demais para constituir o foco de um livro inteiro das *Confissões*. Entretanto, santo Agostinho investe-o de um grande significado. Sobre esse furto, ele escreve:

> T4. Tornei-me um malfeitor sem a menor razão para isso. Não tinha motivo para a minha maldade senão a própria maldade. Estava cometendo uma torpeza e me encantou cometê-la. Me encantou a minha autodestruição. Me encantou a minha queda, não o objeto que a motivava, mas a queda em si. Minha alma depravada pulou do vosso firmamento para a ruína. Estava me apetecendo não ganhar qualquer coisa por meios vergonhosos, mas deleitar-me na própria desvergonha. (II.4.9)

É difícil tomar a sério a retórica dessa passagem. Entretanto, Agostinho parece querer que assim a vejamos. Ele parece estar terrivelmente sério quando afirma que:

(a) tornou-se um malfeitor sem nenhuma razão para isso;
(b) o seu motivo era cometer uma maldade;
(c) o que fez foi torpe e ele adorou fazê-lo;
(d) estava lhe apetecendo fazer algo vergonhoso, pelo mero prazer de fazer algo vergonhoso.

Dificilmente se poderia encontrar uma rejeição mais enfática de (W1) que esta.

Agostinho parece dar-se conta de que nós, leitores, ficaremos frustrados com o desconcertante relato de sua motivação no episódio do roubo de peras. Como se pode esperar que acreditemos que alguém se torna um malfeitor sem qualquer razão para isso, ou que o motivo de Agostinho era cometer maldades, ou que adorava o que era torpe, ou que lhe apetecia fazer algo vergonhoso, só pelo prazer de o fazer? Como poderia alguém acreditar em tais declarações?

Agostinho inicia surpreendentemente sua tentativa de tornar compreensível a sua motivação discorrendo sobre beleza. Assim, T4 é seguida imediatamente das seguintes reflexões:

> T5. Existe beleza em encantadores objetos físicos, como o ouro e a prata e todas as outras coisas da mesma natureza. Quando o corpo toca em tais coisas, muita significação é atribuída à relação do objeto com o tato. Cada um dos outros sentidos corporais tem seu próprio modo apropriado de resposta às coisas físicas. Do mesmo modo, a honra temporal e o poder de dar ordens e exercer o mando têm sua própria espécie de dignidade, embora seja essa também a origem da arrogância e da prepotência. (II.5.10)

Mas o que está acontecendo aqui? Primeiro, Agostinho faz um desconcertante relato de sua motivação para furtar peras com sua turma de adolescentes. Depois começa a falar sobre beleza. Em que é que a beleza vem ao caso para se entender o episódio das peras?

A pertinência da beleza, sugiro eu, é a seguinte. Com freqüência, podemos explicar por que uma pessoa, A, escolheu φ, esclarecendo como A pôde pensar no próprio φ, ou o que A poderia esperar obter por φ, de belo ou, no mínimo, como atraente. Por exemplo, a grande maioria das pessoas pensa que ouro e prata e as coisas feitas deles são belos objetos. Podemos entender que alguém que viu uma taça de ouro ou prata desprotegida possa querer furtá-la. A tese implícita neste caso é algo como o seguinte:

(W2) Se A escolhe φ, então, em igualdade de condições, o fato (se é um fato) de A pensar que φ é uma coisa atraente a fazer, ou então pensar que φ é uma boa maneira de obter algum objeto atraente, explica por que A escolhe φ.

Se Agostinho pode esclarecer como pôde pensar que roubar é uma coisa atraente de se fazer, ou então que roubar é uma boa maneira de se obter algum objeto atraente, então ele tem, *ceteris paribus*, uma explicação para o motivo segundo o qual escolheu roubar.

Agostinho prossegue dizendo o seguinte:

> T6. A vida que vivemos neste mundo seduz por causa de uma certa medida de beleza que lhe é própria, e de sua harmonia com todos esses objetos inferiores que são belos. (II.5.10)

A menção a objetos inferiores que, não obstante, são belos, à sua maneira, convida-nos a considerar se um ato ilícito poderia ser entendido como o de um agente atraído para algo que tem sua própria beleza, muito embora sua beleza seja ofuscada pela de um objeto alternativo, mas superior. Agostinho escreve:

> T7. Quando um crime está sob investigação para descobrir o motivo pelo qual foi cometido, a acusação não é usualmente digna de crédi-

> to, salvo nos casos em que se apresenta como possibilidade plausível o desejo de obter (ou o medo de perder) uma daquelas coisas que chamamos inferiores. São coisas belas e atraentes, sem dúvida, ainda que, comparados aos bens superiores que nos propiciam verdadeira felicidade, não passem de desprezíveis e ordinárias. (II.5.11)

Até mesmo as ações desse que foi um dos mais perversos e corruptos imperadores romanos, Catalina, diz-nos Agostinho, podem ser entendidas como motivadas por uma atração para bens de ínfimo valor e objetos de beleza inferior:

> T8. De um homem brutal e cruel [Catalina] foi dito que era louco e selvagem sem razão. Entretanto, a passagem precedente forneceu o motivo: "Temia ele que a falta de uso e o ócio lhe entorpecessem as mãos e a mente, tornando lentas as suas reações." ... Seu objetivo era conquistar a cidade por meio de crimes violentos a fim de obter as honras, o poder e a riqueza... Não, nem mesmo Catalina amou seus crimes, algo diferente o motivou a cometê-los. (II.5.11)

Assim, o exemplo do perverso e corrupto Catalina teria ajudado santo Agostinho a entender seu próprio ato condenável? Aparentemente não. Referindo-se ao seu ato de roubo como se fosse uma outra pessoa, ele diz:

> T9. Nada de belo havia em ti [no meu ato de roubar]. (II.6.12)

Para aumentar ainda mais sua perplexidade, Agostinho apóia-se em seu entendimento do mal como uma deficiência, um mero "nada", para indagar em tom de lamentação: "Mas existes realmente para que eu me dirija a ti?"

As peras que ele roubou, admite Agostinho, eram belas por ser parte da criação de Deus. Mas, insiste, não eram realmente as peras que o atraíam. Ele tinha melhores em casa. Aquelas que colhi, diz-nos ele, foram exclusivamente colhidas com o motivo de roubar. Tanto assim que, depois de colhidas, jogou-as fora. "Regalei-me apenas", prosseguiu ele, "na maldade cujo gozo me alegrava. Se algum dos frutos entrou em minha boca, foi o meu crime que lhe deu sabor." (II.6.12) Mas a maldade, segundo parece, não pode ser entendida como um bem secundário, com sua beleza própria. E Agostinho não se esforça por nos induzir a concebê-la como tal.

No fim dessa seção, Agostinho diz-nos que o vício é, por vezes, uma "defeituosa sombra da beleza" (II.6.12). O que ele quer dizer com esse comentário é presumivelmente enfatizado na seção seguinte. "O orgulho imita o que é elevado, mas somente Vós sois Deus, excelso sobre todas as coisas" (II.6.13). Santo Agostinho passa então a apresentar uma lista do que ele parece considerar vícios, incluindo ambição, crueldade, inveja, carícias, (mera) curiosidade. A finalidade dessa lista parece estar resumida na seção seguinte, onde Agostinho nos diz: "Em sua maneira pervertida, toda a humanidade vos imita." (II.6.14) Essa observação leva Agostinho para uma linha de explicação que ele parece aceitar. Dirigindo-se a Deus, ele declara o seguinte:

> T10. Imitam-vos de seu modo perverso todos os que se distanciam de Vós e contra Vós se exaltam. Ainda assim, imitando-Vos desse modo, reconhecem que sois o Criador de toda a natureza e que, por conseguinte, não há lugar para onde nos possamos afastar inteiramente de Vós. Portanto, naquele ato de roubo o que era o objeto de meu amor e de que modo criminoso e pervertido imitei meu Senhor? Era meu prazer transgredir a vossa lei, mais pela astúcia e a fraude, já que não tinha o poder de o conseguir pela força? Estava eu agindo como um prisioneiro com restrita liberdade que pratica impunemente o que não é permitido e assim proclama uma posse que não passa de um arremedo de onipotência? Como é possível que eu sinta prazer no que não era permitido, por nenhuma outra razão que a de não ser permitido? (II.6.14)

Aqui temos o retrato de um prisioneiro que, frustrado e ressentido por estar submetido à lei de outrem, age como se estivesse livre de coerções, em um fútil esforço para provar sua liberdade.

A ação do prisioneiro é, de certo modo, perfeitamente compreensível. Talvez nós mesmos tenhamos ocasionalmente agido em fútil desafio a um pai, ou professor, ou alguma outra figura de autoridade. Embora compreensível, a ação pode ser irracional na medida em que não tem a menor probabilidade de mudar a relação de poder. A ação também pode ser autodestrutiva, até deliberadamente autodestrutiva. Como não deseja atingir um objetivo valioso, é niilista. Recordemos uma pessoa que concretiza em atos esse tipo de motivação, um rebelde sem causa interpretado por James Dean no filme *Juventude transviada*.

O protagonista do filme, um rebelde sem causa, quer levar a efeito uma ação sem acreditar nem na ação nem no que a ação pode realizar. Assim, esse rebelde sem causa é um contra-exemplo para (W1). Além disso, a ação do rebelde não se coaduna com o esquema explicativo (W2). Esse rebelde age, nem mesmo de acordo com uma transposição nietzschiana de valores, mas simplesmente por ressentimento e frustração.

Aqui temos, por fim, uma explicação mais plausível para o roubo de Agostinho. Talvez ele estivesse se rebelando, de uma maneira fútil e insensata, contra Deus e a moralidade de Deus. Seu roubo era, talvez, o ato de uma vontade perversa.

Na fase final de sua argumentação, Agostinho volta-se para o que, à primeira vista, pode parecer uma explicação do mito mais satisfatória. Ele estava, afinal de contas, participando na ação de uma turma de adolescentes. Talvez o que Agostinho estivesse buscando era o companheirismo da turma. Ele escreve:

> T11. Que fruto nessa ocasião colhi, eu, jovem perverso, das ações que hoje, ao recordá-las, me fazem corar de vergonha, sobretudo aquele roubo, em que adorei nada mais que o roubo em si? Nenhum, pois o roubo nada valia e, com ele, me tornei ainda mais miserável. Sozinho não o teria cometido – lembro-me de qual era o meu estado de espírito naquele momento –; sozinho, nunca o teria feito. Portanto, encantou-me também nesse ato o estar associado a uma turma cuja cumplicidade me serviu de estímulo para praticar

> a malfeitoria. Podemos concluir daí que gostei de algo mais do que o furto? Não, de nada mais, na realidade, porque a cumplicidade com a turma também de nada vale. (II.8.26)

Eis uma passagem difícil de interpretar. Mas Agostinho parece, neste ponto, comprometer-se com as seguintes afirmações:

(A1) No seu ato de furto, o que lhe deu prazer foi o ato de furtar em si e nada mais.
(A2) O que lhe deu prazer no ato de furtar foi a sua cumplicidade com a turma.
(A3) Ele não teria cometido o ato de furtar se não estivesse na companhia dos outros.
(A4) Entretanto, foi do ato de roubar que gostou e nada mais que isso.

(A2) e (A4) parecem estar em conflito direto. Tentarei mostrar, um pouco mais adiante, como poderíamos tentar resolver esse aparente conflito.

Poderíamos ter esperado que santo Agostinho substituísse a sua sugestão a respeito do rebelde sem causa pela explicação de que agiu motivado pelo desejo de ser aprovado pela turma. Mas o que ele faz é algo diferente disso. Em primeiro lugar, ele nunca abandonou sua insistência de que o seu prazer estava no cometimento do próprio ato. Eis parte da seção seguinte, em que ele desenvolve as asserções de (A2) e (A3):

> T12. Tivesse eu estado sozinho, não teria sentido absolutamente nenhum prazer, nem teria cometido [o ato]. A amizade pode ser um perigoso inimigo, uma sedução da mente, ávida por perpetrar o mal por simples brincadeira ou pelo desejo de infligir um dano a outrem, sem qualquer motivo de lucro pessoal de minha parte nem pelo prazer vingativo de um acerto final de contas, mas porque assim que são proferidas as palavras, "Vamos, façamos isso!", sentimo-nos envergonhados se não nos mostrarmos tão afoitos e despudorados quanto os outros. (II.9.17)

Mas T12 faz mais que desenvolver (A2) e (A3). Estas duas afirmações são acrescentadas:

(A5) Eu não teria sentido prazer algum no ato de roubar, se estivesse sozinho.
(A6) Eu tinha um ávido desejo de causar dano a alguém sem qualquer motivo de ganho pessoal de minha parte, nem prazer num acerto de contas.

Pode ser descortinada alguma lógica na conjunção de (A1) até (A6)? Para iniciadores que poderiam pensar em ações da população, por exemplo, linchamentos, saques etc., é possível que muitos membros de um grupo desejem a aprovação ou a admiração de outros membros desse grupo. Mas talvez alguns participantes, digamos, de um estupro cometido por membros de um bando descubram que o efeito de agir em um bando é, primordialmente, ou até exclusivamente, eliminar suas inibições e sentirem-se livres para estuprar uma inocente mulher sem outra causa ou motivo, exceto o sádico desejo de estuprar uma mulher. Também pode ser especialmente excitante agir em conjunto com outros. O que eu tenho em mente não é que o membro do bando está desejando a provação dos outros. É, antes, que a ação do grupo ao qual o indivíduo participa desperta uma emoção especial que não existiria se o indivíduo estivesse agindo sozinho.

Se queremos ver a ação perversa da população em grande escala, poderíamos pensar nos horrores que macularam o século XX – o Holocausto, os campos de morte do Camboja, os massacres de Ruanda. Sem dúvida, a motivação de indivíduos que participaram nesses horrores foi, com freqüência, muito complexa e diversa. Mas esses exemplos de maldade em massa parecem ilustrar a tese de que a ação da população desencadeia forças motivacionais que vão muito além do desejo de ser aceito ou admirado pelas massas. E algumas vezes, pelo menos, parece plausível dizer que as atrocidades são cometidas pelo prazer de se cometer atrocidades, se bem que os participantes não as teriam cometido por sua própria conta.

É claro, o roubo de algumas peras por uma turma de moleques é relativamente insignificante em comparação com o estupro praticado por um bando, para não falar em um massacre. Entretanto, a estrutura motivacional de vastos horrores pode refletir-se em algo tão insípido como furtar algumas peras pertencentes a alguém contra quem não se nutre nenhum ressentimento nem rancor, e depois jogar deliberadamente essas peras aos porcos.

Assim, eis a minha sugestão quanto ao modo como Agostinho entende o seu ato de roubo. Primeiro, isso mantém inalterado o seu "relato da perversão", o rebelde sem causa. Ele estava abandonando os traços de moralidade de Deus, mas não os substituiu por qualquer nova moralidade pessoal.

Agostinho depois complementa a história do rebelde sem causa com um relato da ação da população. De acordo com a sua turma, ele fez algo que nunca teria feito sozinho. Mas não se vê agindo para receber a aprovação ou admiração da sua turma. O que lhe agradou foi o ato em si, mas realizado com sua turma.

Na parte final de *Confissões* II, a sua última seção, que é um curto parágrafo, ele faz mais duas considerações. Primeiro, ele expressa exasperação por sua melhor tentativa de entender seu roubo. E escreve:

> T13. Quem pode desfazer este nó cego, extremamente apertado e emaranhado? É um assunto repugnante, não tenho o menor desejo de lhe prestar atenção; nem quero pôr-lhe os olhos em cima. (II.10.18)

Depois, fechando o último período do Livro II, ele efetua este juízo sumário sobre seu estado moral e religioso ao tempo desse roubo:

> T14. Eu me tornei para mim mesmo uma região de indigência.

Eu interpreto T13 como a expressão da persistente perplexidade de Agostinho acerca de sua ação, e sua insatisfação com os seus melhores esforços para a sua compreensão. Algo como isso é uma característica dos horrores do século XX. Ficamos confusos e perplexos como pessoas que, antes de sua participação em, digamos, um grande massacre, podem parecer que são, na verdade, pessoas comuns. São os nossos vizinhos da porta ao lado. Ainda mais assustador, elas são eu! Como tais pessoas comuns e aparentemente decentes chegam ao ponto de participar em tão horrendos atos de maldade? Isso assusta e confunde o espírito. Queremos fazer eco para as palavras de Agostinho: "Quem pode desfazer este nó cego, extremamente apertado e emaranhado?"

Considero interessante o fato de Joel Feinberg, em uma recente discussão sobre o mal, afirmar que tal perplexidade é parcialmente constitutiva do que ele chama de "o mal puro". Feinberg escreve:

> O autor de um ato puramente maligno pode ser surpreendido por sua própria ação voluntária. Sua conduta parecerá misteriosa aos olhos de outras pessoas e provavelmente permanecerá misteriosa mesmo depois de um extenso estudo... Se sua conduta... continua sendo um mistério, pode continuar a sê-lo tanto para *ele* como para os outros. Sua ação perniciosa, destituída de motivo inteligível para ele ou para qualquer outra pessoa, foi perpetrada sem nenhuma razão aparente e até para o próprio malfeitor parece incompreensível. Essa deve ser a sensação que o puro mal causa no íntimo de quem o pratica. Na melhor das hipóteses, é um fenômeno surpreendentemente opaco. Na pior é, bem, maldade clara e transparente, nem mais nem menos.[1]

Eu considero que T14 exprime a angústia de Agostinho, em seu reconhecimento de que a ação da turma pode resultar em um profundo mal para ele, e de que, nessa época, ele não tinha reais amarras morais. Era um rebelde sem causa. Sem quaisquer amarras morais efetivas, ele era capaz de nutrir "um ávido desejo de causar dano a alguém sem qualquer motivo de ganho pessoal de minha parte, nem prazer em um acerto de contas".

Sugiro que os retratos realistas do mal hoje à nossa disposição nos aparelhos de TV da nossa sala de estar deveriam nos preparar para encontrar no relato de Agostinho de uma travessura adolescente uma pequena, mas clara, janela para os sombrios recessos da psique humana. Através dessa janela podemos ver, talvez, que uma pessoa não extraordinariamente má podia algumas vezes cometer maldades apenas pelo prazer de cometê-las, especialmente quando a maldade é feita em excitante harmonia com outros. Existem um paradoxo e uma perversidade finais acerca do ato sobre o qual Agostinho concentrou sua atenção. Embora esse ato seja um contra-exemplo para (W1) e obstinadamente resista a inserir-se no esquema explicativo (W2), a própria opacidade do ato, para usar a expressão de Feinberg, é um tributo à atratividade e à plausibilidade de (W1) e (W2). Desejamos naturalmente entender uma ação como algo que o ator, pelo menos no momento da ação, acreditava ser uma boa coisa para ser feita. Quando temos de nos defrontar com uma ação que resiste a ser entendida desse modo, reagimos naturalmente com o desespero de Agostinho: "Quem pode desfazer este nó cego, extremamente apertado e emaranhado? É um assunto repugnante, não tenho o menor desejo de lhe prestar atenção; nem quero pôr-lhe os olhos em cima."

Leitura adicional

MacDonald, Scott. "Petit larceny, the beginning of all sin: Augustine's theft of the pears", in *Faith and Philosophy* 20, 2003, p.393-414. Este artigo apresenta uma interpretação muito diferente de *Confissões* II.

14.

Mentir

Perto do fim do Livro III da *República* de Platão, Sócrates explica que na cidade-Estado ideal que está descrevendo, será necessário contar aos cidadãos uma nobre ou régia mentira.

"Que espécie de mentira?", indaga Gláucon. (414b)

Sócrates, então, engendra uma ficção que, em princípio, convenceria todo o mundo de que a "gente de ouro", formada por aqueles que, mediante testes de aptidão, mostraram ser os mais preparados para governar com sabedoria, deve ser a classe dos governantes; a "gente de prata", a dos que mostraram possuir a requerida aptidão para as artes militares, formaria o exército; e a "gente de bronze e ferro" deve ser a dos artesãos. Incluída na grande ficção está uma outra história acerca de como o tempo que os cidadãos adultos passaram como jovens era realmente um sonho. Na realidade, eles foram gerados na terra em seus respectivos metais e dados à luz para desempenhar os papéis na sociedade para os quais suas respectivas constituições os tornavam adequados.

Gláucon mostrava-se cético e duvidava que os cidadãos acreditariam nessa "nobre mentira", pelo menos na primeira geração. Sócrates admite que isso poderia levar mais que uma geração para que a ficção fosse aceita. Mas ele insistia que o esforço para a tornar aceita faria os cidadãos cuidarem uns dos outros e da cidade.

Hoje estamos muito conscientes do mal causado por histórias de superioridade e inferioridade racial e étnica. E estamos familiarizados demais com o efeito pernicioso da propaganda dos governos e a criação de estereótipos sociais. É profundamente perturbador descobrir que Platão, um dos maiores filósofos de todos os tempos, tinha advogado uma mentira patrocinada pelo Estado para promover a coesão social e a aceitação de relações desiguais de poder dentro da cidade-estado.

Entretanto, a defesa de Platão da mentira, quando serve ao bem-estar da sociedade, não devia causar grande surpresa. Nenhum diálogo platônico é dedicado à análise da virtude da veracidade. De fato, a veracidade não está incluída em qualquer das listas de virtudes morais nos diálogos platônicos.

Voltando ao Livro II da *República*, Platão coloca Sócrates em uma posição puramente conseqüencialista sobre contar mentiras. Ele pergunta a Adeimantus:

> E o que me dizes da falsidade em palavras? Quando e para quem ela é útil e, portanto, não merecedora de aversão? Não é ela útil contra os nossos inimigos? E quando qualquer dos nossos pretensos amigos está tentando, por loucura ou ignorância, fazer algo ruim, não é ela uma útil droga para o impedir? Também é útil no caso daquelas histórias sobre as quais estávamos justamente falando, as que contamos porque não conhecemos a verdade a respeito daqueles antigos eventos envolvendo os deuses. Ao fazer com que uma falsidade seja o mais parecido possível com a verdade, não estamos também fazendo com que nos seja útil? (382cd)

Adeimantus concorda.

Sócrates passa depois a traçar o contraste entre a ocasional utilidade para um ser humano de contar mentiras e a necessária veracidade de um deus. "Um deus, portanto, é simples e verdadeiro em palavras e atos", diz Sócrates. "Ele é imutável e não ludibria os outros por imagens, palavras ou sinais, quer em visões, quer em sonhos" (382e).

Assim, de um certo modo, Platão reconhece a veracidade como uma virtude. É uma virtude que um deus possui. Entretanto, não se trata aparentemente de algo a que os seres humanos necessitem aspirar.

Aristóteles discute a veracidade (*aletheia*) como uma virtude em sua *Ética a Nicômaco*, embora não de forma proeminente. Ele parece pensar na veracidade como sinceridade, em oposição à jactância, por um lado, e a um laconismo enganador, por outro. Mas ele nunca assume a tarefa de tentar dizer o que é contar uma mentira. Aparentemente, esse projeto nunca lhe chamou a atenção como um significativo desafio filosófico.

De fato, o conceito do que é dizer uma mentira é filosoficamente muito problemático. Surpreendentemente, nenhum filósofo da Antigüidade parece ter percebido isso. Uma possível explicação para essa negligência é o fato de que a honestidade parece nunca ter sido uma virtude especialmente proeminente na cultura grega clássica.

Mentir é, porém, um tópico proeminente no judaísmo e no cristianismo. O Nono Mandamento, "Não dirás falso testemunho contra o teu próximo" (Êxodo, 20:16), foi entendido para proibir o recurso a mentiras. Mentir é proibido por Deus no Antigo Testamento no livro do Levítico (19:11) e no Novo Testamento na carta aos Efésios: "Por isso, deixando a mentira de lado, fale cada um a verdade com o seu próximo." (4:25) Não surpreende, pois, que Agostinho, o primeiro realmente grande teólogo e filósofo cristão, tenha escrito dois tratados sobre a mentira.

Agostinho, de fato, considera todas as mentiras pecaminosas. Talvez isso não chegue a ser uma completa surpresa. O que pode ser surpreendente, porém, é que Agostinho ache o conceito de mentira filosoficamente desconcertante. Ele é, até onde chega o meu conhecimento, o primeiro filósofo a aperceber-se de quanto é filosoficamente problemática a noção de dizer uma mentira.

Por vezes, eu peço aos alunos em uma aula de filosofia que me ajudem a analisar o conceito de dizer uma mentira. Escrevo no quadro-negro o que deve ser analisado, a saber:

Ao dizer que *p* a A, S diz uma mentira se, e unicamente se...

"Quais são", pergunto aos meus alunos, "as condições individualmente necessárias e conjuntamente suficientes para S mentir a A dizendo-lhe que *p*?"

Pensando muito naturalmente em uma mentira como uma falsidade, algum aluno sugerirá como uma condição necessária: "É falso que *p*." Escrevo isso no quadro.

"Mas suponha que eu lhe digo que alguém está esperando por você lá fora, apenas com o intuito de o fazer sair da sala, quando, sem que eu o saiba, alguém está realmente lá fora à espera?", algum aluno pode perguntar.

Discutimos o exemplo. A maioria dos alunos concorda em que houve a intenção de mentir para me fazer sair da sala, mas o que foi dito não era realmente uma mentira. Mas se a primeira condição está satisfeita, ou seja, se o que foi dito é realmente falso, ainda temos de acrescentar esta segunda condição: "S acredita que é falso que *p*."

"Você não tem a intenção de enganar alguém com o que está dizendo?", pode alguém sugerir. Pode então seguir-se uma discussão mais ou menos longa sobre se o engano intencional é uma condição necessária para dizer uma mentira. Tenho de admitir que ouço, por vezes, pessoas dizerem, "Eu menti para você", quando tudo o que elas pretendem significar é que o que disseram era falso. Esse gênero de uso não leva em conta a idéia de que para dizer uma mentira devo acreditar que o que digo é falso. Mas isso também ignora qualquer espécie de requisito de que o locutor pretendeu enganar o ouvinte.

A minha classe e eu podemos enfrentar dificuldades até concordar sobre as necessárias e suficientes condições para dizer uma mentira. Em geral, de fato enfrentamos. Por fim, entretanto, a maioria concordará provavelmente sobre o que chamarei de "Análise-Padrão".

ANÁLISE-PADRÃO

Ao dizer a A que *p*, S diz uma mentira se, e unicamente se
(i) é falso que *p*;
(ii) S acredita que é falso que *p*; e
(iii) ao dizer a A que *p*, S pretende enganar A em relação a *p*.

Estas condições pretendem ser individualmente necessárias e conjuntamente suficientes para que haja um caso genuíno de dizer uma mentira. Ou seja, nenhum caso era considerado uma mentira a menos que satisfaça cada uma dessas três condições. Além disso, qualquer caso que satisfaça todas as três contará automaticamente como tendo sido dita uma mentira. Chamemos a primeira condição da Análise-Padrão de "Condição de Falsidade", a segunda de "Condição Falsa-Acreditável" e a terceira de "Condição de Logro".

Na minha classe, posso sublinhar que a auto-sugestão é freqüentemente caracterizada como mentir para si mesmo. A idéia de mentir para si mesmo, entretanto, apresenta sério desafio para a Análise-Padrão. O mais óbvio é que teremos dificuldade em entender como alguém pode seriamente pretender enganar a si mesmo. Parece estar condenada ao fracasso qualquer tentativa que eu possa fazer para me induzir a acreditar em algo que não acredito, dizendo-me o oposto daquilo em que acredito. Seria possível até dizer que o projeto de fazer isso parece incoerente.

Não precisamos, porém, entrar no caso especialmente perturbador de mentir para si mesmo para ficarmos perplexos sobre o que é dizer uma mentira. Aliás, Agostinho não examina a possibilidade de mentir para si mesmo. E ele acha, muito corretamente, penso eu, que já existem aspectos demais da mentira interpessoal que são suficientemente problemáticos para mobilizar todos os nossos recursos filosóficos. Ele também parece tentar aceitar a Análise-Padrão. Pensa, no entanto, a respeito de um número suficientemente grande de casos que se inclina a chamar de casos de mentir, mas que não se ajustam à Análise-Padrão para fazer de sua discussão da mentira uma peça exemplar da filosofia.

O interesse de Agostinho em o que é dizer uma mentira tem, pelo menos, duas fontes. Uma é o Nono Mandamento, que eu já mencionei anteriormente. Mas uma outra fonte foi a declaração de Jesus, "Eu sou o caminho, a verdade, e a vida, ninguém vem ao Pai senão por mim" (João 14:6). Para Agostinho, isso parece anular qualquer "nobre mentira". Mentir, seja por que motivo for, é visto por ele como uma barreira para chegar a Deus.

Agostinho escreveu dois tratados sobre o tópico da mentira: *De Mendacio* (Sobre a mentira) e *Contra mendacium* (Contra a mentira). O primeiro, escrito em 395, ano em que foi consagrado bispo de Hipona, é o mais filosófico dos dois. Irei concentrar-me nele e, em especial, nos primeiros quatro capítulos. Ironicamente, Agostinho diz em suas *Retratações*, em 1.27, que não tinha ficado satisfeito com essa obra por causa do seu estilo obscuro, e decidira não publicá-la. Embora tivesse ordenado mais tarde que ela fosse destruída, a obra sobreviveu e, quando Agostinho soube disso, decidiu então conservá-la. (Parece que os filósofos nem sempre são bons juizes sobre o valor de suas próprias obras.)

Agostinho inicia o seu tratado excluindo chistes e gracejos de sua consideração (2.2). É claro, pode-se esperar que a Condição de Logro cuide, de qualquer modo, desses casos, se aceitamos a Análise-Padrão. De fato, também se pode esperar que o que é dito em uma peça teatral, ou como ilustração de algum ponto gramatical, não cumpra a Condição de Logro.

No Capítulo 3, Agostinho afirma a Condição Falsa-Acreditável. Escreve:

T1. ... a pessoa que profere uma falsidade não mente se acredita ou, pelo menos, presume que o que diz seja verdade. (III.3)

Agostinho embeleza esse ponto do seguinte modo:

T2. Mente ... aquele que sustenta uma opinião em sua mente e dá expressão a uma outra por meio de palavras ou de qualquer outra manifestação externa. Por essa razão, é dito que o coração do mentiroso é duplo. Em seu modo de pensar: uma parte consiste naquele conhecimento que ele sabe ou pensa ser verdadeiro mas não se expressa como tal; a outra parte consiste no conhecimento que ele sabe ou pensa ser falso, mas se expressa como verdadeiro. (III.3)

Pelo menos duas coisas são interessantes a respeito de T2. Uma é a idéia de que se pode mentir por meio de uma "manifestação externa" que não é verbal. Assim, segundo santo Agostinho, eu posso mentir, por exemplo, inclinando a cabeça em sinal de concordância ou sacudindo a cabeça em sinal de discordância. Cumpre-me dizer que nem todos os meus alunos estão dispostos a considerar um aceno de cabeça ou outro sinal não-verbal.

A segunda coisa interessante a respeito de T2 é a sugestão de que o "coração duplo", isto é, dizer algo distinto daquilo em que se acredita, pode ser suficiente para uma mentira. O que emerge algumas linhas adiante não é que a Condição Falsa-Acreditável é suficiente *per se* para fazer com que uma declaração seja considerada uma mentira, mas que, conjugada com a Condição de Logro, ela é suficiente. Agostinho escreve:

T3. Da mesma maneira, acontece que uma pessoa que está realmente a mentir pode estar dizendo o que é verdade se acredita que o que ela diz é falso, mas o oferece como verdadeiro, mesmo se a verdade real for justamente o que ela diz. Pois uma pessoa será julgada como mentindo ou não mentindo de acordo com a intenção de seu próprio espírito, não de acordo com a verdade ou falsidade do próprio assunto. Daquele que expressa o falso como verdadeiro por pensar ser essa a verdade, pode ser dito que está equivocado ou é irrefletido ou imprudente, mas não se pode dizer, em sã justiça,

> que está mentindo porque, quando ele assim se expressa, não tem um coração pérfido e fingido nem tem o desejo de enganar, pelo contrário, ele próprio é quem está enganado. (III.3)

O que T3 parece nos dar é esta análise alternativa da mentira:

Primeira Análise Alternativa

Ao dizer a A que *p*, S diz uma mentira se, e unicamente se
(i) S acredita que é falso que *p*; e
(ii) ao dizer a A que *p*, S pretende enganar A.

Agostinho passa, em seguida, a tratar de um caso mais difícil:

> T4. Consideremos uma pessoa que diz que o que ela acredita é falso e é realmente falso mas com o pensamento de não se lhe dar crédito, de modo que, por uma espécie de má-fé, pode dissuadir de ação o ouvinte que, ela percebe, não acreditará nela. (IV.4)

O gênero de caso que Agostinho descreve em T4 parece ser ilustrado pela história do caixeiro-viajante na velha Rússia que encontra o seu arquiconcorrente na estação de trem e lhe pergunta para onde ele está indo nesse dia.

"Para Minsk", respondeu o rival.

"Você está me dizendo que vai a Minsk", diz o primeiro vendedor, "para que eu pense que está indo a Pinsk, *quando realmente é para Minsk que está viajando, seu mentiroso*!"

Anedotas à parte, o que diríamos a respeito de alguém que diz a verdade, que pensa ser essa, de fato, a verdade, mas com a intenção de enganar alguém de quem se espera que suponha que o que é dito não será a verdade? Pode uma declaração que é a pura verdade ser uma mentira?

Por vezes, enganamos os outros quando deixamos de corrigir seus equívocos. Mas o caso Minsk-Pinsk de Agostinho é diferente. Algo é dito que o locutor acredita ser verdade e é, de fato, verdade, mas em circunstâncias tais que o locutor pode esperar que o ouvinte a interprete como uma falsidade. Agostinho não parece saber o que fazer com este caso. Eu estou pessoalmente inclinado a dizer que não se trata de um caso de mentir, porquanto não satisfaz a Condição Falsa-Acreditável nem a Condição de Logro. Mas, nesse caso, estou muito mais perto de me considerar satisfeito com a Análise-Padrão do que Agostinho.

Ele passa em seguida a considerar o seguinte caso:

> T5. Em primeiro lugar, temos uma pessoa que sabe ou pensa que está dizendo uma falsidade, mas fala desse modo sem a intenção de enganar. Seria esse o caso de um homem que, sabendo que uma certa estrada é muito assediada por bandidos e temendo que um amigo por cuja segurança se preocupa irá usar essa estrada, diz-lhe que a pode percorrer sem perigo pois não é freqüentada por bandidos. Ora, o homem faz essa afirmação porque percebe que o seu amigo não confia na informação dele e porque, tendo sido feita uma declaração em sentido contrário justamente pela pessoa em quem não acredita, o mais provável é, portanto, que os bandidos estejam nessa estrada e não irá por ela. (IV.4)

Neste caso, a Condição de Falsidade é satisfeita, e o mesmo ocorre com a Condição Falsa-Acreditável. Mas a Condição de Logro não é satisfeita. Se essa pessoa mentiu, temos esta análise alternativa da mentira.

Segunda Análise Alternativa

Ao dizer a A que *p*, S diz uma mentira se, e unicamente se
(i) é falso que *p*; e
(ii) S acredita ser falso que *p*.

É difícil acreditar que Agostinho pudesse ficar satisfeito com a Segunda Análise Alternativa, uma vez que ele enfatizou a importância do "duplo coração". Mas tenho de dizer que, para alguns dos meus alunos, qualquer afirmação deliberada de uma falsidade conta como uma mentira, não importa que intenção o locutor tenha ao exprimi-la.

Eis o caso seguinte de santo Agostinho:

> T6. Em segundo lugar, temos o caso da pessoa que sabe ou pensa que o que diz é verdadeiro e, não obstante, o diz para enganar. Isso aconteceria se o homem mencionado em T5 dissesse ao seu desconfiado amigo que havia bandidos na estrada, sabendo que eles estariam realmente lá, mas o seu ouvinte, por não confiar no que o seu interlocutor diz, seguiria seu caminho por essa estrada e cairia assim nas mãos dos bandidos. (IV.4)

Se este caso é tido na conta de uma mentira, então o próprio intuito de enganar é suficiente para uma mentira. Assim, temos a seguinte análise:

Terceira Análise Alternativa da Mentira

> Ao dizer a A que *p* S mente se, e unicamente se
> ao dizer a A que *p*, S pretende enganar A sobre se *p*.

Neste ponto, seria possível esperar que Agostinho se contentasse com a Análise-Padrão, ou então optasse por uma das Análises Alternativas. Em vez disso, eis o que ele nos diz:

> T7. Se uma mentira é uma declaração acompanhada pelo desejo de proferir uma inverdade, mente quem deseja dizer o que é falso e quem diz o que deseja dizer, ainda que seja sem a intenção de enganar. (IV.4)

Em uma leitura natural de T7, Agostinho parece estar recorrendo aqui à Segunda Análise Alternativa da Mentira. Ele continua:

> T8. Se, entretanto, uma mentira é um pronunciamento qualquer, se for acompanhado por um desejo de enganar, neste caso, não é a primeira mas a segunda pessoa quem mente, isto é, aquela que deseja enganar mesmo dizendo a verdade. (IV.4)

Parece-nos haver aqui um recurso à Terceira Análise Alternativa da Mentira. Agostinho prossegue:

> T9. Mas se uma mentira é um declaração acompanhada do desejo de [proferir] qualquer falsidade, então ambas mentem, porque a primeira deseja que sua declaração seja falsa e a segunda deseja que uma falsa conclusão seja aduzida de sua declaração verdadeira. (4.4)

Isso parece ser uma disjunção da Segunda e da Terceira Análises. Agostinho continua:

> T10. Além disso, se uma mentira é a declaração de alguém que deseja falar inveridicamente a fim de enganar, então nem um nem outro mente, porque o primeiro deseja convencer uma pessoa da verdade dizendo-lhe o que é falso, e a segunda deseja dizer a verdade para que possa convencer uma pessoa do que é falso. (IV.4)

E aqui temos ainda uma outra análise alternativa:

Quarta Análise Alternativa

Ao dizer a A que *p* mente se, e unicamente se
(i) S acredita que é falso que *p*; e
(ii) ao dizer a A que *p*, S pretende enganar A sobre se *p*.

Assim, temos cinco análises diferentes da mentira em quatro curtos capítulos do tratado de Agostinho. Qual delas é a correta? Alguma delas está correta?

Surpreendentemente, Agostinho não decide. Eis o seu julgamento final:

> T11. Pode-se duvidar se uma mentira é dita quando alguém não deseja enganar, ou quando alguém age de modo que o seu ouvinte não possa ser enganado, embora deseje fazer uma falsa declaração porque desse modo convencerá o outro; ou, na mesma ordem de idéias, se uma mentira é dita quando alguém deliberadamente con-

> ta a verdade a fim de enganar outrem. Entretanto, *ninguém duvida de que mente quem deliberadamente diz o que é falso com a intenção de enganar* (o grifo é meu). É claro, portanto, que uma mentira é uma falsa declaração feita com o desejo de enganar. Mas se isso é, por si só, uma mentira, é uma outra questão. (IV.5)

Em uma notável conclusão para um não menos notável estudo de possíveis casos de mentira, santo Agostinho afirma que as três condições da Análise-Padrão fornecem-nos pelo menos *condições suficientes* para dizer uma mentira. Mas parece relutante em sustentar que todas as três condições devem conjugar-se para que haja uma mentira.

Embora, como mencionei no começo deste capítulo, Agostinho viesse a escrever um segundo tratado sobre a mentira, ele nunca forneceu o que considerava ser uma satisfatória análise do que é dizer uma mentira. Também mencionei no início que Agostinho não estava satisfeito com *Sobre a mentira*, se bem que, no final, admitisse incluí-la entre as suas melhores obras. Talvez estivesse insatisfeito com ela porque foi incapaz de se decidir sobre a análise correta.

Creio que esse tratado seja como um dos diálogos aporéticos de Platão – os chamados "aporéticos" porque terminam em *aporia*, isto é, em perplexidade. Acredito, também, que constitua uma marca da integridade filosófica de Agostinho que ele tenha permitido que essa obra subsistisse como testemunho de até que ponto ele considerou ser problemática a noção de dizer uma mentira.

Leitura adicional

MANN, William E. "To catch a heretic: Augustine on lying", in *Faith and Philosophy* 20, 2003, p.479-495. Este artigo é o que está mais perto de uma consideração compreensiva e abrangente sobre o que Agostinho diz a respeito de mentir.

15.

Felicidade

Perto do fim de *A cidade de Deus*, santo Agostinho declara simplesmente e sem restrições: "Não há nenhuma razão para um ser humano fazer filosofia, exceto para ser feliz." (XIX.1) Seria possível pensar que Agostinho quis dizer com essas palavras que fazer filosofia é um grande divertimento, e que divertir-se é o que torna compensador fazer filosofia. Algumas das passagens filosóficas em Agostinho sugerem, de fato, que ele encontrou na busca de compreensão dos enigmas filosóficos uma fonte de verdadeiro prazer. Mas algumas vezes ele considerou claramente que fazer filosofia era um trabalho árduo, até desagradável. Em todo o caso, o que ele quis dizer nessa frase, estou certo disso, é que a única justificação real para se fazer filosofia é a busca do bem supremo, e o que torna atraente a obtenção do bem supremo é a perspectiva que ele oferece de nos fazer felizes.

Os filósofos hodiernos podem achar um pouco constrangedor valorizar tamanho sentimento. Sem embargo, encontrar esse sentimento expresso de forma tão proeminente em Agostinho deveria, pelo menos, deixar claro até que ponto a felicidade era importante para a sua concepção de fazer filosofia. Embora nós, filósofos, possamos agora buscar modos menos aparatosos de busca da felicidade, assim como formas menos aparatosas para justificar o nosso dispêndio de tempo fazendo filosofia, deveríamos considerar que pensar sobre felicidade não é menos importante para a filosofia como Agostinho pensava, e não menos desalentadoras são as dificuldades para ser claro sobre o que ela é, ou poderia ser, e o modo como pode ser realizada.

De fato, Agostinho pensou e escreveu sobre felicidade durante toda a sua prolífica e longa carreira. O Livro I de sua mais antiga obra sobrevivente, *Contra os acadêmicos*, aborda a relação entre verdade e felicidade. Na verdade, mesmo antes de ter acabado de escrever essa obra, Agostinho produziu um pequeno tratado dedicado especificamente à felicidade, *De beata vita* (A vida feliz). Sua constante preocupação com o tópico da felicidade está refletida em grande parte de suas obras mais importantes, incluindo suas *Confissões*, *Da Trindade* e *A cidade de Deus.*

Não surpreende, por certo, que um pensador tão inquieto e profundo pudesse modificar um pouco suas idéias acerca da felicidade ao longo de uma vida incrivelmente prolífica. Entretanto, a par das mudanças de idéias, ocorrem também continuidades deveras impressionantes. Não tentarei aqui traçar um quadro dos vários desenvolvimentos no pensamento de Agostinho sobre a questão da felicidade, por mais interessante que o tema seja. Em vez disso, focalizarei um importante contraste entre dois conceitos de felicidade que observamos em seu pensamento. Embora, como sublinharei no decorrer desta análise, cada um desses dois conceitos encontre expressão em várias das obras de Agostinho, irei me concentrar em duas especialmente fecundas discussões da felicidade a fim de ressaltar a natureza e a importância desses dois conceitos.

O primeiro desses dois conceitos, a que chamarei "Conceito Empírico de Felicidade", é encontrado desenvolvido no Livro X das *Confissões* de Agostinho. O segundo, que denominarei "Conceito Formal de Felicidade", talvez tenha a sua melhor apresentação no Livro XIII do seu tratado *Da Trindade*, sobre a questão da felicidade. Ocupemo-nos primeiro, pois, das *Confissões* X e do Conceito Empírico de Felicidade.

O Livro X das *Confissões* é dedicado ao estudo da memória (*memoria*). Agostinho usa neste livro o termo "memória" em uma acepção muito ampla, mais ampla, penso eu, que em qualquer dos seus outros escritos. Sem dúvida, Agostinho manifesta aí um interesse especial no que também nós chamaríamos de "memória". Mas as teses que ele defende nesse livro sobre a memória aproximam-se tanto do que Agostinho disse mais tarde acerca da mente (*mens*) no Livro X de *De Trinitate* que poderíamos quase traduzir *memoria* nesse livro como "mente".

Quanto à felicidade, Agostinho inicia o estudo dela no Capítulo 20 do Livro X, no qual anuncia que ao procurar Deus ele busca a felicidade, isto é, "a vida feliz" (*beata vita*). "Mas como, então", pergunta ele, aturdido, "procurar essa felicidade?" A idéia que o preocupa parece ser que, para se possuir uma perfeita paz de espírito, é necessário realmente ser feliz ou, no mínimo, ter sido feliz. Há até a sugestão de que, para se possuir uma concepção inteiramente clara e satisfatória de felicidade, precisaríamos ser, ou ter sido em algum tempo, completamente felizes. Talvez o leitor já possa entender por que escolhi chamar o conceito de felicidade que emerge dessa discussão de "Conceito Empírico". Saber o que é felicidade é conhecer a experiência de ser feliz.

A inclinação de Agostinho para dizer que somente alguém que conhece a felicidade por experiência própria pode saber o que ela é persiste ao longo de todo o Livro X das *Confissões*. Isso não deve ser rejeitado como um simples equívoco. Está relacionado com uma profunda preocupação acerca do modo como as coisas podem manter-se na mente de forma duradoura, ou seja, na memória. Eis uma das muitas passagens em que Agostinho reflete com aturdimento e perplexidade sobre a grandeza e, também, as limitações da mente, bem como sobre o que podemos encontrar nela.

T1. É grande este poder da memória, imensamente grande, ó meu Deus. É um santuário de ilimitada vastidão. Quem pode sondar suas profundezas? E, no entanto, essa potência é própria da minha mente (*animus*). Faz parte da minha natureza e eu próprio não chego a apreender tudo o que sou. Será porque a minha mente (*animus*) é estreita demais para se conter a si mesma? Mas onde está, então, essa parte da mente que não se contém em si mesma? Estará algures fora de si mesma e não dentro dela? Mas como pode ser parte dela se não está nela contida? (X.8.15)

Agostinho concebe a mente como algo que recebe mensagens através dos sentidos. Assim as coisas podem estar presentes em minha mente, em minha memória, que as vê, as ouve ou de algum outro modo as percebe. Elas também podem estar presentes em minha mente quando possuo uma imagem (*imago*) ou semelhança (*similitudo*) delas. Finalmente, ele pensa que o que hoje poderíamos querer chamar de objetos abstratos, tais como números, podem estar presentes diretamente na memória, sem qualquer espécie de representação.

Seja qual for o modo como a felicidade, ou a vida feliz, se representa em minha mente, parece que devo ser, ou ter sido, feliz para conhecer o que é felicidade. Certamente se está presente de forma não-representacional, à semelhança dos números, então o que aí existe teria de ser "a coisa real". Se estivesse presente apenas como representação, a imagem mental teria de ser, segundo parece, uma *similitude*, uma semelhança. E a similitude de felicidade teria de ser, é claro, algo que se assemelha à felicidade. Assim, para pensar sobre o que é a felicidade, eu devo introduzir a própria felicidade em minha mente ou, pelo menos, algo que se assemelhe muito a ela.

Agostinho procura tornar o seu pensamento ainda mais compreensível traçando um contraste entre felicidade e eloqüência.

T2. Ao ouvirem a palavra "eloqüência", até as pessoas que não são eloqüentes, embora quisessem ser, são capazes de imaginá-la. Por conta disso, elas já possuem uma idéia clara do que seja eloqüência. Pelos sentidos corporais, elas observaram a eloqüência em outros. Isso lhes causou grande prazer e por isso quiseram também ser eloqüentes ... [Em contrapartida] não existe nenhum sentido corporal por meio do qual possamos descobrir a felicidade [*beata vita*] em outros. (X.21.30)

E, assim, a felicidade não podia penetrar em minha memória pela percepção, através dos sentidos corporais de outras pessoas que são felizes.

Como foi então que a felicidade penetrou na minha memória, para que eu pudesse pensar sobre ela e saber no que ela consiste? Talvez seja aí, sugere Agostinho, que se guardam as alegrias recordados. E continua:

T3. Posso recordar a alegria [*gaudium*][1] mesmo quando estou triste, assim como penso na felicidade [*beata vitae*] quando me encontro desolado. Entretanto, nunca vi, nem apalpei, nem cheirei, nem provei a alegria com os sentidos corporais. Mas experimento alguma coisa em minha mente quando estou alegre. A idéia de alegria enraizou-se em minha memória para mais tarde a poder sempre recordar, algumas vezes com enfado, outras com saudade, segundo as circunstâncias em que me lembro de ter estado alegre. (X.21.31)

De fato, a passagem de felicidade para *alegria* gera realmente um outro problema filosófico para Agostinho. Ele pensa que a possibilidade de relembrar a alegria quando se está triste é profundamente desconcertante. Suponhamos que o que eu tenho em minha *memoria* quando medito sobre o que é a alegria, ou recordo um pouco de alegria do meu passado, é um pouco da própria alegria. Mas se isso fosse correto, então pensar meramente sobre a alegria desalojaria a tristeza. É claro, poderia fazer isso, mas não necessariamente. Isso poderia tornar-me ainda mais triste no meu presente estado, ou mais ressentido, ou apenas nostálgico, ao pensar sobre alegria, especialmente, talvez, uma certa alegria que tive no passado.

Alternativamente, suponhamos que a alegria que tenho em minha memória quando penso sobre o que é a alegria, ou recordo um momento de alegria do meu passado, é apenas uma aparência. Não está claro se essa alternativa é menos desconcertante. Para cumprir o seu papel, a aparência de alegria teria de ser como a alegria em um aspecto importante. E o que poderia ser esse aspecto importante senão algo que torna agradável alimentar a aparência? Uma vez mais, pensar sobre o que é alegria, ou recordar o que é uma alegria passada, deve ser, portanto, agradável. Mas é claro que não tem por que ser necessariamente agradável.

Até onde me é dado ver, santo Agostinho nunca resolve esse problema para sua própria satisfação. Isso oferece uma base para criticar a idéia de que devem existir imagens mentais de sentimentos e estados emocionais na mente para que possamos estar aptos a pensar sobre esses sentimentos e estados emocionais.

Suponhamos, agora, que o que está em minha mente não é apenas uma alegria momentânea mas a própria felicidade, a qual Agostinho freqüentemente se refere como "a vida feliz" (*beata vita*). "Onde e quando, pois", pergunta Agostinho, "experimentei a vida feliz [*beata vita*] para podê-la recordar, amar e desejar?" Ele prossegue:

> T4. Não estou sozinho nesse desejo, nem são poucos os que o dividem comigo. Absolutamente todos querem ser felizes. Se não conhecêssemos a vida feliz, com um conhecimento certo [*certa notitia*], não a desejaríamos com tão forte desejo. Mas o que significa isso [essa felicidade que tão firmemente desejamos]? O que é ela? (X.21.31)

Nessas poucas palavras, Agostinho faz um certo número de afirmações e pressupostos que quero isolar e focalizar neste capítulo. Uma das mais óbvias é a afirmação de que o desejo de felicidade é universal. Assim:

(1) Todos queremos ser felizes.

Agostinho afirma em muitos lugares que o desejo de felicidade é universal. Não é, evidentemente, uma afirmação original em relação a ele. Mas, como veremos, conflita com alguns dos outros pontos que Agostinho quer dizer a respeito da felicidade humana.

Muito plausivelmente, Agostinho pensa que, como todos querem ser felizes, todos devem saber o que é a felicidade. De fato, Agostinho diz realmente que todos sabem o que ela é com um conhecimento firme. Deixando de lado a intensificação, podemos dizer que Agostinho pensa que a aceitação da afirmação de que todos querem ser felizes o compromete, pelo menos, com o seguinte:

(2) Todos sabem o que é a felicidade.

Como já deixei claro, Agostinho pensa que saber o que é felicidade requer que a pessoa seja correntemente feliz ou, pelo menos, que tenha tido a experiência de ser feliz. Também se alude a essa idéia no início da citação acima. Assim, ele também está comprometido com este requisito empírico de conhecimento:

(3) Ninguém sabe o que é a felicidade se não tiver tido a experiência de ser feliz.

Perceber que todos querem ser felizes e que todos sabem o que é felicidade, poderia, muito bem, nos levar a esperar, ao contrário da nossa experiência de vida, que as pessoas fizessem todas opções semelhantes na vida. Agostinho dá o seguinte exemplo:

> T5. Se perguntarmos a dois homens se querem ser soldados, é possível que um responda que sim, outro que não. Porém, se lhes perguntamos se querem ser felizes [*beati*], ambos dizem logo, sem hesitação, que sim, que é isso o que desejam, pois tanto o que quer ser soldado como o que não quer têm um só fim em vista: o de

> serem felizes [*beati*]. Opta um por um emprego, o outro por um emprego diferente. A menos que, talvez, um tenha prazer [*gaudet*] com isto e outro com aquilo. Mas ambos são unânimes em querer ser felizes, como o seriam também se lhes perguntássemos se queriam ter alegria [*gaudere*]. E, de fato, a essa alegria [*gaudium*] já dão o nome de felicidade [*beata vita*]. (X.21.31)

Agostinho poderia ter usado a opção do soldado para salientar que, enquanto algumas pessoas supõem ser a alegria o que as faz felizes, outras supõem que ela é uma decorrência da honra, especificamente, a honra de lutar no campo de batalha. Mas, em vez disso, ele trata o soldado voluntário como o que concorda em alistar-se no exército porque prevê ter alegria e sentir prazer em servir como soldado, ao passo que o desertor experimenta pouco ou nenhum prazer na vida militar. Até aqui, Agostinho parece pensar que "felicidade" significa "ter prazer". Ele pode aceitar que uma pessoa encontre alegria em x e nenhuma alegria em y, ao passo que uma outra pessoa encontrará alegria em y e nenhuma em x.

Contanto que sentir alegria seja realmente um sinônimo de felicidade, parece não haver conflito entre aceitar (1), a tese de que todo mundo quer ser feliz, e (2), a tese de que todo mundo sabe o que é felicidade, e aceitar também o seguinte truísmo:

(4) Pessoas diferentes têm objetivos diferentes na vida.

Todos podem querer ser felizes e também saber que felicidade é ter alegria e prazer; entretanto, uma pessoa pode querer alistar-se no exército e a outra não, porque a primeira pessoa espera achar a vida militar agradável e a segunda não.

Agostinho conclui o capítulo da seguinte maneira:

> T6. De fato, já chamam essa alegria [*gaudium*] de felicidade [*beata vita*]. Ainda que uma pessoa a atinja por um caminho e a outra por um outro, esforçam-se ambas por alcançar um mesmo fim, que é ter alegria [*gaudeat*]. Como ninguém pode dizer que nunca expe-

rimentou a alegria encontramo-la na memória e reconhecemo-la sempre que é ouvida a palavra "felicidade" [*beata vita*]. (X.21.31)

Portanto, a felicidade talvez seja apenas alegria, ou o sentimento de tê-la. Dessa forma:

(5) Felicidade é apenas alegria [*gaudium*].

Esta tese, (5), a "tese da alegria", oferece um modo de tornar plausível o requisito de experiência para o conhecimento. Se felicidade é apenas sentir alegria, então, na condição de que todos, em um dado momento ou outro, tenham desfrutado de alguma alegria, todos possuem a base para saber o que é a felicidade. Isso pode parecer muito mais promissor que a sugestão alvitrada por Agostinho no Capítulo 20. Se todos nós temos uma memória da felicidade, escreve ele aí, é porque devemos já ter sido felizes [*beati*] antes – "quer todos nós um por um [*singillatim*] ou naquele homem [isto é, Adão] que primeiro pecou". Embora Agostinho nunca exclua a possibilidade de possuirmos uma memória racial da felicidade paradisíaca de Adão, a idéia de fazer da memória de uma comum alegria passada o veículo para pensar sobre a felicidade *simpliciter* é claramente uma opção mais plausível.

No entanto, apesar da tese da alegria ser atraente como um modo de tornar plausível a adesão a (1), tese de que todos queremos ser felizes, e a (2), tese de que todos sabemos o que é a felicidade, Agostinho não tardou em rejeitá-la. No Capítulo 22, ele apresenta o que poderíamos considerar a distinção platônica entre verdadeiras e falsas alegrias. Não surpreende que, na opinião dele, só as verdadeiras alegrias constituam a felicidade. "A felicidade", diz ele, dirigindo-se a Deus, "consiste em nos alegrarmos em Vós, de Vós e por Vós." Essa alegria, insiste ele, não é acessível aos ímpios. E adverte: "A alegria a que eles se apegam não é a verdadeira."

Com esta postura, santo Agostinho rejeita a tese da alegria ou, pelo menos, corrige-a para resultar no seguinte:

(6) Alegria em Deus, e somente essa é felicidade.

Partindo do princípio, como parece ser indiscutível, de que nem todos sabem que só a alegria em Deus é a felicidade, aceitar (6) equivale a uma rejeição de (2), a tese de que todos sabem o que é a felicidade e, portanto, também de (1), a tese de que todos queremos ser felizes. Ele inicia o Capítulo 23 com o reconhecimento: "Poderemos, então, concluir que nem todos querem ser felizes, porque há alguns que não querem alegrar-se em Vós (ó Deus!), que sois a única vida feliz?"

Agostinho esforça-se com denodo por salvar a plausibilidade de (1) recorrendo à idéia de que Deus é a Verdade e todos queremos a verdade. Há pessoas que gostam de enganar outras, admite ele, mas, insiste, ninguém gosta de *ser* enganado. E, assim sendo, o que todos buscam é ser felizes.

Quaisquer que fossem as outras razões que pudessem existir para dizer que só a alegria em Deus constitui a real felicidade, o esforço de Agostinho para salvar (1), a tese de que todos querem ser felizes, parece ter fracassado. Mesmo que seja verdade que ninguém gosta de ser enganado, e mesmo que esse fato fosse suficiente para justificar a tese de que todos querem a verdade, é extremamente implausível pensar que a felicidade consiste em sentir alegria na verdade. E, assim, se a felicidade fosse a alegria na Verdade, e nada mais que isso, continuaria sendo implausível dizer que todo mundo quer ser feliz.

Antes de abordar o próximo texto-chave e o segundo conceito de felicidade em santo Agostinho, permitam-me que reflita um pouco sobre o que aconteceu nesses capítulos intermédios de *Confissões* X. Agostinho parece ter nesse momento aderido firmemente à tese de que todos queremos ser felizes. Ele repele a ameaça à tese de que todos queremos ser felizes representada pelo óbvio fato de que as pessoas perseguem objetivos muito diversos na vida, ressaltando que o que proporciona alegria a uma pessoa pode não dar alegria nenhuma a uma outra. Mas depois ele condena sua análise ao acrescentar que só a alegria em Deus é a verdadeira felicidade, e passa a ser falso dizer que todos nós sabemos o que é a felicidade; também é falso, portanto, dizer que todos queremos ser felizes.

Quero ocupar-me agora de um esforço muito ulterior para tratar de algumas dessas mesmas questões, desta vez no Livro XIII do *Da Trindade*, de Agostinho. Já no Capítulo 3 desse livro, Agostinho dá expressão à tese de que todos queremos ser felizes. Falando a um personagem imaginário que esteve descrevendo, ele diz:

> T7. Se ele tivesse dito, "Todos vós quereis ser felizes [*beati*] e não quereis ser desditosos", ele teria dito algo que ninguém deixaria de reconhecer em sua própria vontade. Pois sejam quais forem as demais coisas que alguém secretamente quer, essa pessoa não abdica desse desejo que é suficientemente conhecido de todos e existe em cada um de nós. (XIII.3.6)

É claro que Agostinho não se afastou aqui da tese de que todos queremos ser felizes. Mas imediatamente após a citação acima, no início do capítulo, Agostinho volta suas atenções para (4), a tese de que diferentes pessoas têm diferentes propósitos na vida. Sua preocupação é que a óbvia diversidade de propósitos que as pessoas procuram realizar suscite dúvidas sobre o pressuposto de que todos sabemos o que é a felicidade e, portanto, sobre a tese de que todos queremos ser felizes, sem levar em conta a plausibilidade desse pressuposto. Ele escreve:

> T8. Pois se todos a conhecessem [isto é, felicidade, *beatitude*], ela não seria considerada por alguns estar na bondade da alma, por outros no prazer do corpo, por outros em ambas as coisas, por al-

guns nesta coisa, por outros naquela coisa. Pois assim como qualquer coisa particularmente lhes agradava, também encontraram aí a vida feliz. Como podem, pois, todos amar tão ardentemente o que todos ignoram? (XIII.4.7)

Ele considera a rejeição da tese de que queremos ser felizes:

T9. Consideraremos ser isso falso, portanto, algo de que nem mesmo o acadêmico Cícero duvidou (pois os acadêmicos duvidam de tudo) e que, quando quis iniciar sua argumentação no diálogo *Hortensius* com algo sobre o qual ninguém duvidaria, disse: "Todos nós certamente queremos ser felizes." (XIII.4.7)

No capítulo seguinte, Agostinho experimenta a posição, já nossa conhecida desde as suas *Confissões*, de entender a felicidade como alegria:

T10. Ou podemos talvez escapar da embaraçosa situação recordando o que previamente declaramos, a saber, que todos nós consideramos a felicidade como sendo o conjunto das coisas que mais nos alegram? [Epicuro, fruição sensual [*voluptas*], Zênon, virtude; e alguém mais, alguma outra coisa.] Assim, podemos dizer que viver com felicidade nada mais é que viver de acordo com o prazer pessoal [*delectatio*] de cada um e, portanto, não é falso dizer que todos queremos viver com felicidade porque todos desejamos aquilo que dá prazer [*delectat*] a cada um de nós. (13.5.8)

Tomando essa sugestão de Cícero, Agostinho rejeita essa acomodação. Se tenho prazer em obter algo que é realmente mau, argumenta ele, então não posso me sentir feliz por sentir alegria em obter isso.

Assim, a tese da alegria é uma vez mais rejeitada. Mas, desta vez, Agostinho não se inclina para a restrição de que as alegrias geradoras de felicidade são aquelas, e somente aquelas, que são prazeres *em Deus*. Em vez disso, adota um Conceito Formal de Felicidade que lhe fornece alguma esperança de poder manter o par de teses de que (1) todos queremos ser felizes e (2) todos sabemos o que é felicidade. Eis o ponto onde ele adota essa nova postura:

> T11. Portanto, uma vez que é verdade que todos queremos ser felizes, e todos queremos precisamente essa coisa com o mais ardente anseio, e por conta disso queremos outras coisas, sejam elas quais forem; e uma vez que ninguém pode amar aquilo de que é totalmente ignorante, o que é e de que espécie é, nem pode ser ignorante daquilo que ele sabe que quer, segue-se que todos conhecem a felicidade (*beata vita*). Mas todos os que são felizes têm o que querem, embora nem todos os que têm o que querem sejam imediatamente felizes. Mas são imediatamente infelizes aqueles que ou não têm o que querem ou os que não têm *legitimamente* o que querem [o grifo é meu]. Portanto, só é feliz aquele que tem tudo o que quer e nada quer do que é iníquo. (XIII.5.8)

Em vez da tese da alegria-em-Deus, portanto, temos isto, que expressa a sua Concepção Formal de Felicidade:

(7) Felicidade é querer somente o que é bom obter e obter, então, tudo o que se quer.

Duvido de que muitas pessoas citem espontaneamente (7) como o seu entendimento do que é a felicidade. Por outro lado, não é inteiramente implausível que a maioria das pessoas, após cuidadosa consideração das alternativas disponíveis, concorde com algo semelhante como sua concepção do que é felicidade. Se assim for, Agostinho chegou muito mais perto do que poderíamos ter esperado do seu objetivo de sustentar aquelas suas teses favoritas.

Seria possível pensar que o Conceito Formal de Felicidade que encontramos em *Da Trindade* XIII é algo a que Agostinho chegou ao considerar insatisfatórios os seus esforços para desenvolver o Conceito Empírico de Felicidade em *Confissões* X. Não é esse, porém, o caso. Vejamos esta passagem do seu tratado *Sobre as práticas da Igreja Católica*:

> T12. Todos nós queremos certamente viver felizes [*beate vivere*]. Não existe ninguém na raça humana que não concorde com essa afirmação, quase antes de ela acabar de ser proferida. Entretanto, em meu entender, "feliz" não pode ser dito daquele que não tem o que ama, seja isso o que for; ou daquele que tem o que ama, se isso lhe for doloroso ou funesto; ou daquele que não ama o que tem, mesmo que seja o melhor. Pois quem deseja o que não pode ter vive torturado, e quem obtém o que não é para ser desejado é iludido, e quem não deseja o que devia obter é doente. Ora, em todos esses casos, a mente [*animus*] não pode deixar de se sentir infeliz, e infelicidade e felicidade [*beatitude*] não podem residir ao mesmo tempo numa pessoa. Nem uma dessas pessoas seria feliz. Resta um quarto caso, tal como eu o vejo, em que a vida feliz pode ser encontrada: é quando aquilo que é o melhor para um ser humano é não só amado, mas possuído. Pois o que pode haver que mereça mais ser desfrutado [*frui*] do que aquilo que está ao nosso alcance e amamos? Não pode ser feliz quem não desfruta do que é o melhor para os seres humanos. Nem existe quem, desfrutando disso, não seja feliz. Devemos ter ao nosso alcance, portanto, o que é melhor para nós, se estamos pensando em viver felizes [*beate vivere*]. (I.3.4)

Esta passagem parece ter sido escrita no ano de 388, mais ou menos uma década antes das *Confissões* e cerca de três décadas antes do Livro XIII de *Da Trindade*. Entretanto, ela parece conter todos os elementos do Conceito Formal de Felicidade tal como foram elaborados e defendidos três décadas mais tarde, mais uma sugestão da importância de usufruir [*fruor*] do que é melhor para um ser humano. Alguns capítulos adiante, em I.11.18, Agostinho diz que a felicidade é chegar a Deus. Mas a razão pela qual ele diz que isso é a felicidade é que ele supõe que chegar a Deus é realmente o *melhor* para um ser humano. Assim, mesmo um infiel pode querer ser feliz e saber o que é a felicidade (isto é, querer e obter o que é o melhor para um ser humano), se bem que, na opinião de Agostinho, o infiel nunca possa ser realmente feliz se não deixar de ser o que é, a saber, um infiel.

O enigma, portanto, é este. Por que razão, se Agostinho já havia concebido o Conceito Formal de Felicidade em 388, ele tenta desenvolver o Conceito Empírico de Felicidade em suas *Confissões*, uns nove ou dez anos depois, especialmente quando essa tentativa parece estar claramente condenada ao fracasso?

Talvez a resposta seja esta. O Conceito Formal de Felicidade parece deixar aberta a possibilidade de que, mesmo que eu nunca tenha experimentado um momento de felicidade, eu possa entender perfeitamente bem, não obstante, o que é felicidade, ou mesmo o que seria uma vida paradisíaca de completa felicidade. Eu necessitaria saber o que é um desejo, e o que é ter um desejo satisfeito. E teria de ter a idéia de que seria bom para mim ter satisfeitos certos desejos meus, ao passo que não seria bom satisfazer alguns outros. Se eu tivesse essas idéias, poderia reuni-las e formar a idéia complexa de ter todas as minhas necessidades satisfeitas em uma situação em que somente todas as coisas que seriam boas para eu obter eram também o que eu queria ter. Eu teria, portanto, o Conceito Formal de Felicidade. E se esse conceito fosse um conceito correto, então eu saberia o que é felicidade. Por certo, eu poderia não ter ainda nenhuma idéia de *como* é ser feliz, nem mesmo de *como* é viver uma vida completamente feliz.

Por que razão poderia ser interessante ou importante possuir um conceito sobre *como* é ser feliz, ou até mesmo completamente feliz? A resposta, penso eu, é que ter um conceito empírico de felicidade poderia ajudar a motivar-nos para a realização de tudo o que for requerido para nos tornarmos felizes, ao passo que contar apenas com um conceito formal teria muito menos probabilidades de impulsionar a vontade de fazer o necessário para tentar obter a felicidade.

Não seria surpreendente se Agostinho tivesse tal propósito motivacional em mente quando escreveu *Confissões* X. Afinal, o

Livro X vem imediatamente após o Livro IX, quase ao final do qual Agostinho descreve uma visão beatífica que teve com sua mãe, Mônica, poucos dias antes da morte dela. Depois de nos dar uma descrição muito comovente, sumamente metafórica, dessa visão mística, Agostinho pede-nos para supor que esse estado "era para continuar e todas as outras visões de coisas inferiores seriam retiradas, e essa visão singular era para empolgar e absorver e envolver o seu contemplador em alegrias interiores [*interiora gaudia*], de tal modo que, para ele, a vida era eternamente a mesma como nesse instante de entendimento pelo qual ele tanto ansiara". (X.10.25) Agostinho aceita que esse estado beatífico está anunciado nas palavras de Jesus: "Vem e entra no gozo [ou júbilo, *gaudium*] do teu Senhor." (Mateus 25:21)

Como Agostinho conta a história em suas *Confissões*, Mônica então disse que estava pronta para morrer, pois havia cumprido o que ela se propusera a fazer, e não tinha mais interesse na felicidade terrena (*felicitas terrena*). Cinco dias depois, ela contraiu uma febre e logo faleceu. Tendo ele próprio tido também essa visão de verdadeira felicidade, Agostinho, estou eu sugerindo, quer estar apto a dizer *como* é ser verdadeiramente feliz, de tal modo que pudesse sustentar seu pressuposto de que todos queremos ser felizes e saber também o que é a felicidade. Lamentavelmente, o seu esforço foi em vão.

Para fins de comparação, poderíamos notar que a concepção de Aristóteles de *eudaimonia* na *Ética a Nicômaco* é também um conceito formal (atividade de acordo com a virtude e, se existem muitas, de acordo com as melhores e mais completas – em uma vida completa). Aristóteles argumenta no Livro X que a vida mais feliz seria a de contemplação filosófica. Ele também argumenta que essa vida seria sumamente prazerosa. Mas não tenta oferecer-nos um conceito de *como* seria levar tal vida. Seria como re-experimentar cotidianamente a excitação de provar o último teorema de Fermat? Nesse caso, eu poderia ser capaz de extrapolar da excitação de resolver um criptograma nas páginas de um jornal diário para como seria o ideal aristotélico de vida de contemplação. Mas Aristóteles não o diz. Nem mesmo tenta dizer. Limita-se a descrever formalmente a felicidade, por exemplo, pelo recurso à idéia de auto-suficiência. E certamente não considera que um conceito empírico de *eudaimonia* faça parte do *logos* de felicidade. Isso é, também, uma boa coisa, uma vez que ele, tal como Agostinho, supõe que todos queremos ser felizes e, assim, já todos devemos saber de algum modo o que é a felicidade.

Não tentarei avaliar o Conceito Formal de Felicidade de Agostinho em comparação com a sugestão de Aristóteles, ou de qualquer dos outros filósofos. Fico feliz com a conclusão de que o seu esforço para dizer o que é a felicidade é, nesse modo formal, muito mais bem-sucedido que o seu esforço para fornecer um conceito empírico. Mas eu sugiro que o malogro de Agostinho em dar uma explicação empírica satisfatória sobre *como* é a felicidade é tão importante para nós como tema de reflexão quanto o seu relativo sucesso em fornecer uma descrição formal da felicidade.

Em todo o caso, é inteiramente adequado, penso eu, que o primeiro filósofo importante em nossa tradição ocidental a tentar fazer filosofia a partir de um ponto de vista da primeira pessoa tenha se empenhado em dizer como é ser feliz. Se tivesse tido êxito teria feito tudo o que um filósofo poderia fazer para que quiséssemos, de todas as coisas, somente aquelas cuja obtenção fosse boa para nós.

Leitura adicional

Kent, Bonnie. "Augustine's ethics", in Eleonore Stump e Norman Kretzmann (eds.), *The Cambridge Companion to Augustine*. Cambridge, Cambridge University Press, 001, p.205-233. Kent situa a sua discussão da felicidade em Agostinho dentro do contexto de sua ética.

Notas

1. O ponto de vista na primeira pessoa *(p.7-17)*

1. Nagel, Thomas. *The View from Nowhere*. Nova York, Oxford University Press, 1986.
2. Ver, por exemplo, sua carta para Colvius, 14 nov. 1640, *The Philosophical Writings of Descartes*, trad. J. Cottingham, R. Stoothoff, D. Murdoch e A. Kenny. Cambridge, Cambridge University Press, 1991, 2: p.159-60.

2. A vida de Agostinho *(p.17-28)*

1. Todas as citações neste capítulo são extraídas, salvo indicação em contrário, das *Confissões* de Agostinho.

3. Ceticismo *(p.29-39)*

1. Ver *Confissões*, IV.14.23-15.24.
2. Zênon de Cítion (334-262 a.C.), não Zênon de Elea, aquele dos paradoxos.

4. Linguagem *(p.41-55)*

1. Wittgenstein, *Philosophical Investigations*, 24ª. edição, trad. G.E.M. Anscombe. Oxford, Basil Blackwell, 1967.
2. G.P. Baker e P.M.S. Hacker. *Wittgenstein: Understanding and Meaning*. Oxford, Basil Blackwell, 1980, p.36-7.
3. Wittgenstein, *Philosophical Investigations*, parte I, §23.
4. *Human Knowledge: Its Scope and Limits*. Nova York, Simon & Schuster, 1948.
5. Ver os seus *Studies in the Way of Words*. Cambridge, Harvard University Press, 1989.
6. Baker e Hacker, *Wittgenstein*, p.36.
7. Jerrold J. Katz, "Semantics and conceptual change", in *Philosophical Review* 88, 1979, p.362.

5. O *COGITO* AGOSTINIANO *(p.57-70)*

1. Devo a Charles Brittain a apreciação deste ponto.
2. Examinaremos no Capítulo 15 se podemos estar enganados ou iludidos sobre o desejo de felicidade.

6. O DUALISMO MENTE-CORPO *(p.71-86)*

1. Em *De Trinitate*, V.9.10.
2. Ver, p. ex., *De Trinitate*, XI,10,17.

7. O PROBLEMA DE OUTRAS MENTES *(p.87-104)*

1. Agostinho. *Eighty-Three Different Questions*, trad. D.L. Mosher. Washington DC, Catholic University of America Press, 1982.
2. Nagel, Thomas. "What is it like to be a bat?", in *Philosophical Review* 3, 1974, p.439.
3. *Ibid.*, p.440.
4. Wittgenstein, Ludwig. *Philosophical Investigations*, trad. G.E.M. Anscombe. Oxford, Blackwell, 1967, p.28.
5. *Ibid.*, parte II, IV, p.178.
6. *Ibid.*, p.284.

8. PROBLEMAS DO SONHO FILOSÓFICO *(p.105-20)*

1. Platão. *Theaetetus*, trad. M.J.Levett. Indianapolis, Hackett, 1999.
2. Aristóteles. *Metaphysics, Books* Γ, Δ *e E*, trad. C. Kiwan. Oxford, Clarendon Press, 1971.
3. Agostinho. *The Lord's Sermon on the Mount* I.12.33-34.
4. Sigmund Freud. *Colleted Papers*, trad. J. Strachey. Nova York, Basic Books, 1959, 5: p.154-7.

9. TEMPO E CRIAÇÃO *(p.121-34)*

1. Tradução para o inglês de McKirahan, em R.D. McKirahan Jr., *Philosophy before Socrates*. Indianapolis, Hackett, 1994, p.153.
2. "The unreality of time", *Mind* 17, 1908, p.457-74.
3. *Journal of Philosophy* 48, 1951, p.457-71.

10. FÉ E RAZÃO *(p.135-48)*

1. G.S. Kirk, J.E. Raven e M. Schofield. *The Presocratic Philosophers*, 2ª edição, Cambridge, Cambridge University Press, 1983, p.169.

2. Na realidade, devoção (*to hosion*), mas esta linha de questionamento é facilmente generalizada e convertida em uma discussão da defendibilidade do que é denominado a "Teoria do Mando Divino" da moralidade.
3. F.M. Cornford (trad.). *The Republic of Plato*. Londres, Oxford University Press, 1941.
4. *On Free Choice of the Will*, trad. Thomas Williams. Indianapolis, Hackett, 1993, p.58.
5. Este argumento está sujeito, é claro, a muitas objeções. Por exemplo, Agostinho não rejeitou a possibilidade de existirem duas ou mais entidades, cada uma delas superior à verdade, mas de tal modo que nada lhe seja superior. Nem ele tentou aqui tornar plausível a idéia de que Deus poderia simplesmente ser a verdade.
6. Esta tradução baseia-se na versão inglesa da tradução de Galileu de uma seção de *The Literal Interpretation of Gênesis* I.21.41, extraída de Maurice A. Finocchiaro, *The Galileo Affair: A Documentary History*. Berkeley, University of Califórnia Press, 1989, p.101.
7. Ibid., p. 1012.

11. Antevisão e livre-arbítrio *(p.149-60)*

1. Ver Harry Frankfurt, "Alternative possibilities and moral responsibility", in *The Importance of What We Care About*. Cambridge, Cambridge University Press, 1988, p.1-10 (para a declaração original da posição de Frankfurt). O estudo de Frankfurt gerou uma enorme quantidade de produções literárias, pró e contra, incluindo experimentos de pensamento cada vez mais refinados.
2. Os leitores que nutrem dúvidas a respeito do meu simples experimento de pensamento ou que estão simplesmente interessados em aprofundar mais o tópico, estão convidados a explorar a considerável literatura que a rejeição ao PAP, de Harry Frankfurt, inspirou.
3. *De Concordia*, trad. de T. Birmingham, in B. Davies e G.R. Evans (eds.), *Anselm of Canterbury, the Major Works*. Oxford, Oxford University Press, 1998, p.435-74.

12. O Problema do Mal *(p.161-75)*

1. David Hume, *Dialogues Concerning Natural Religion*, parte 10.
2. *Confissões*, III.5.9.

3. Alvin Plantinga. "The free will defense", in *God and Other Minds*. Ithaca, Cornell University Press, 1967, cap. 6.
4. Alvin Plantinga. *The Nature of Necessity*. Oxford, Clarendon Press, 1974, p.188-9.
5. J.L. Mackie. "Evil and omnipotence", in *Mind* 64, 1955, p.209.

13. DESEJAR COISAS MÁS *(p.177-90)*

1. Joel Feinberg. *Problems at the Roots of Law*. Nova York, Oxford University Press, 2003, p.150.

15. FELICIDADE *(p.203-19)*

1. *Gaudium* em Agostinho é freqüentemente traduzido como "júbilo". O tradutor pode escolher "júbilo" porque tem um timbre mais edificante do que "alegria", que eu uso aqui. Ou o tradutor pode temer que o emprego de "alegria" faça Agostinho soar demais como um empirista britânico. De fato, eu tenho a preocupação oposta. Receio que "júbilo" possa soar mais devoto do que robustamente empírico. Quando Agostinho escreve aqui que *gaudium* é algo que ele experimenta (*expertus sum*) em sua mente quando sente alegria (*quando laetatus sum*), penso que ele pretende identificar algo solidamente empírico.

Traduções usadas

As traduções no Capítulo 13 de passagens do *Mênon* de Platão e no Capítulo 15 de Agostinho são de minha autoria. A menos que sejam atribuídas a outrem, as passagens de Agostinho nos demais capítulos são extraídas, por vezes com pequenas modificações, das seguintes traduções:

Against the Academicians [*Contra os acadêmicos*], trad. Peter King. Indianapolis, Hackett, 1995.
City if God [*De civitate dei*], trad. Henry Bettenson. Londres, Penguin, 1984.
Confessions [*Confessiones*], trad. Henry Chadwick. Oxford, Oxford University Press.
Lying [*De mendacio*], trad. Irmã Mary Sarah Muldowney, santo Agostinho, *Treatises on Various Subjects*. Nova York, Fathers of the Church, 1952, 16: p.46-110.
On Free Choice of the Will [*De libero arbitrio*], trad. Anna S. Benjamin e L.H. Hackstaff. Indianapolis, Bobbs-Merrill, 1964; trad. também por Thomas Williams, Indianapolis, Hackett, 1993.
On the Immortality of the Soul [*De immortalitate animae*], trad. Ludwig Schopp, *Writings of Saint Augustine*. Nova York, Fathers of the Church, 1947, 2, p.3-55.
On the Trinity, ed. Gareth B. Mathews, trad. S. McKenna. Cambridge, Cambridge University Press, 2002.
The Teacher [*De magistro*], trad. Peter King. Indianapolis, Hackett, 1995.
Unfinished Literal Commentary on Genesis [*De genesi ad litteram imperfectus liber*], trad. Edmund Hill, *On Genesis*. Hyde Park, N.Y., New City Press, 2002, p.105-51.

As referências à *República* de Platão são da tradução por G.M.A. Grube, revista por C.D.C. Reeve. Indianapolis, Hackett, 1992.

As referências a Descartes são de *The Philosophical Writings of Descartes*, vols. 1 e 2, trad. J. Cottingham, R. Stoothoff e D. Murdoch. Cambridge, Cambridge University Press, 1984-85. ("CSM, II 53" significa vol. 2, p.53 dessa tradução. A adicional citação AT refere-se ao texto francês *Oeuvres de Descartes*, C. Adam e P. Tannery (ed.). Paris, Vrin/CNRS, 1964-76. "No VII, 77" significa vol. 7, p.77 dessa edição.)

As passagens bíblicas são citações da Revised Standard Version, copyright 1946, 1952, © 1971, 1973, pela Division of Christian Education, National Council of the Churches of Christ nos Estados Unidos da América.

Agradecimentos

Usei partes de "Augustine on reasoning from one's own case", *Medieval Philosophy and Theology* 7, 1998, p.115-28, no Capítulo 7. Sou grato ao editor por me ter permitido fazer isso.

O Capítulo 15 é uma versão revista de "Two concepts of happiness", que foi publicado em: Jiyuan Yu e Jorge J.E. Gracia (eds.), *Rationality and Happiness: From the Ancients to the Early Medievals*. Rochester, University of Rochester Press, 2003, p.161-74. Agradeço aos editores e à University of Rochester Press pela permissão para usar esse material.

ÍNDICE REMISSIVO

D

E

F

G

H

I

K

M